PETER
VON QUERNHEIM

Überzeugen können

PETER
VON QUERNHEIM

Überzeugen können

DER KÖNIGSWEG DER RHETORIK UND DIALEKTIK

WIRTSCHAFTSVERLAG LANGEN MÜLLER / HERBIG

Schutzumschlag: Atelier A. Bachmann, Reischach
Satz + Druck: Jos. C. Huber KG, Dießen
Binden: Großbuchbinderei Monheim
Printed in Germany
ISBN 3-7844-7291-5

Kommunikation

Man kann es nicht sehen, nur hören
man kann es nicht mit Händen fassen und doch fühlen
es kann unendlich weh tun
und doch wieder Freude bereiten
es knechtet den, der sich von ihm beherrschen läßt
und es schenkt dem unendliche Macht, der es beherrscht.

Es ist das Wort, die Macht der Sprache

Peter Freiherr von Quernheim

Inhaltsverzeichnis

Vorwort

Mit dem Wort Exodus (griech. exodus, »Auszug«) verbinden wir heute den Auszug des israelischen Volkes aus Ägypten. Dieser Auszug war kein einfaches Abwandern ohne Ziel in der ideologisch fiktiven Hoffnung auf bessere Zeiten, sondern eine Handlung, die auf der Basis eines stark religiösen Fundamentes einen Aufbruch in ein unbekanntes gelobtes Land darstellte.
Abgesehen von den stark motivationalen Kräften, die hier zur Mobilisierung von Tausenden von Menschen freigesetzt wurden, geschah diese Handlung unter dem Bewußtsein des

Willens zum Erfolg

sowie unter der Notwendigkeit zur

Selbstdisziplin.

Und letztlich war der Erfolg dieser an sich doch waghalsigen Unternehmung doch nur durch die Beherrschung eben dieser Faktoren möglich.

Besitzt heute – was sich leider als eine Tatsache mit steigender Tendenz darstellt – das kommunikative Verhalten nicht mehr die gewünschte Ausprägung im beruflichen, politischen wie privaten Leben, so ist dies ursächlich auf einen Mangel an eben diesen Faktoren zurückzuführen. Denn Selbstdisziplin ist nun einmal unbequem, da sie einen geordneten Weg im Leben vorschreibt.

Benötigt ein Sportler in seiner Disziplin den Erfolg, so ist dies nur unter strengster Einhaltung der Faktoren Schweiß im Training, Selbstdisziplin in der Beherrschung des Lebens (Freizeit) möglich.

Wer sich heute nicht die Frage nach dem **Sinn seines Lebens** beantworten kann, der wird zunehmend ziellos durch das Leben wandern. Addieren sich hierzu »negative« Einflüße aus den Gebieten der frühkindlichen Phase sowie der Sexualität, dann ist mangelndes Selbstbewußtsein, Verklemmtheit und das Prinzip der ewigen Schuldzuweisung auf andere eine leider logische Konsequenz. Ein Ergebnis (von mehreren) sind Hemmnisse im kommunikativen Verhalten des einzelnen.

So möchte dieses Buch nicht oberflächlich Basistechniken und Methoden einer ganzheitlichen Kommunikation, bestehend aus Bausteinen der Rhetorik, Dialektik, Körpersprache, NLP (Neuro-Linguistisches-Programmieren), lebendig darstellen, sondern vielmehr

1. all jenen den Aufbruch (Exodus) ermöglichen, durch kritisches Betrachten des eigenen Lebens ein Fundament zu schaffen, auf welches die Bausteine der Kommunikation gemauert werden können, und gleichzeitig auch

2. in all jenen, die bereits durch die Beherrschung von Erfolgsfaktoren auf dem richtigen Weg sind, eine Verständnisplattform für die tieferliegenden kommunikativen Hemmnisse ihrer Mitarbeiter und Mitmenschen schaffen sowie ihnen ein Mehr für ihre eigene erfolgreiche Kommunikation im Sinne des Konfliktmanagements, der Problemlösung und des Überzeugungstransfers geben.

Widmen möchte ich dieses Buch allen Schülern und Studenten dieser Welt, die doch das Wesentlichste, das es zwischen Menschen gibt, nicht gelehrt erhalten, lernen und behalten: **Die Kommunikation und die Erfolgsfaktoren**. So wird des Menschen Mißerfolg bereits in dem Stadium vorprogrammiert, wo doch die Weichenstellung für die Zukunft stattfinden sollte – in der Schule.

Gesagt bedeutet noch nicht gehört
gehört noch nicht verstanden
verstanden noch nicht einverstanden
einverstanden noch nicht behalten
behalten noch nicht angewandt und
angewandt noch nicht Verhaltensänderung

Konrad Lorenz

München, im September 1991 *Peter Frhr. v. Quernheim*

Einleitung

Gute Fachbücher sind eben gute Fachbücher. Dennoch tragen Sie Vorteile wie Nachteile gleichsam in sich selbst. Vorteile, da es nun halt Fachbücher sind und der Leser fachliches Expertenwissen »herauslesen« kann – Nachteile, da es sich letztendlich doch nur um eine Visualisierung von fachlichen Texten und Graphiken resp. Zeichnungen oder Karikaturen (seltenere Fälle) handelt.

Für »Überzeugen können – Der Königsweg der Rhetorik und Dialektik« stellte sich die Anforderung, alle sinnesspezifischen Merkmale des Menschen anzusprechen, um über die Identifikation des Lesers mit der Buchfigur aus dem Lesen und Lernen – wofür ein reines Fachbuch nun einmal geschaffen ist – ein *Erleben* und *Erfahren* zu erreichen. So mag die vielleicht blumige Sprache zunächst verwundern, doch sehr schnell wird der Leser erkennen, was er dadurch gewinnt: Eben das mehr an *Erleben* und *Erfahren*, welches letztendlich die Merk- wie Lernfähigkeit erhöht, wodurch der fachliche Aspekt spielend behalten wird – und später in den realen Verkaufs- wie Verhandlungssituationen des Lebens (die stets auf einen Überzeugungstransfer ausgerichtet sind) präsent zur Verwendung wie Anwendung bereitsteht. Gerade der Aspekt des *spielend lernen* ist es, der Ihnen als Leser den effektiven Mehrwert bringt.

Halten wir uns anerkannte Erfahrungen mit Kindern vor Augen, so wird deutlich, daß Kinder hauptsächlich im »Spielen« wie durch »stete Erfahrungen« für das Leben lernen. Versuchen wir, einem kleinen Kind einen Sachverhalt rationell zu erklären, und halten es dabei zur Nachahmung und Anwendung an, so können wir in diesem kleinen Menschen eine Streßsituation hervorrufen; das Scheitern des Kindes scheint vorprogrammiert.

Dies Buch ist also bewußt so konzipiert, daß unsere Hauptfigur auf seiner kommunikativen Reise »Kindern« begegnet – und durch *Erleben* und *Erfahren* spielend (dazu)lernt.

Auch unsere Tierwelt gibt weitere Beweise und unterstreicht den Sachverhalt. Ein Löwenbaby lernt durch das Spiel die Jagd – und ist so vorbereitet für das ganze Leben. Lernt es nicht, so wird es irgendeines anderen Tieres Beute – und gefressen. Uns Menschen ist dieses Schicksal nicht bestimmt; aber ist es nicht doch so, daß das Versagen durch Nicht-Lernen schwer an einem »fressen« kann?

Eine zweite Anforderung ergab sich schlicht aus der Notwendigkeit zum vernetzten Denken und einer erstmalig dargestellten Ganzheit der Kommunikation einer doch in sich verkabelten Thematik. Mögen Rhetorik oder Dialektik für sich alleine erstrebenswerte Bausteine sein, so bliebe, lehre man nur *einen einzelnen* Baustein, die Lehre im Segment stecken; als wenn es genügen würde, den *einzelnen* Baustein zu aktivieren, der das Entstehen der Ganzheit dann zwangsläufig in sich selbst zu tragen hat. Der Mensch jedoch muß in seiner Gesamtheit überzeugen, *verbal* wie *nonverbal* – er muß die richtige *Motivation* in sich tragen und den *Mut* zur eigenen *Veränderung*. Der Gefahr dabei, so »töricht« zu werden wie Sokrates, der schon lange vor uns »wußte, daß er nichts wußte«, möchte ich den Leser gerne aussetzen. Wußte doch Sokrates in seiner Weisheit mehr, als so manch einer heute über »Wahrheit«, »Gewißheit«, »Tugend« oder »Tapferkeit« auszusagen imstande wäre.

»Überzeugen können – Der Königsweg der Rhetorik und Dialektik« führt uns als Traum eines Erwachsenen aus dem *Tal des Daseins* heraus, also aus der eigenen Kiste unserer Kindheit und Jugend, und nimmt uns mit auf die abenteuerliche Reise zur Erklimmung des *Berges des 1. Seins*. Das Tal des Daseins ist hierbei das Leben des Menschen, von der Geburt bis zu dem Zeitpunkt, wo der Mensch sich aufmacht, das etwas Mehr im Leben zu erforschen – eben zu erfahren und lernen. Das Tal ist somit die »Kiste«, aus der wir geklettert sind oder die uns heute noch beengt, je nachdem, ob wir bereit zum Lernen und zur Selbstdisziplin sind. Wer heute beginnt, als Ungeübter den Bergsport zu erlernen, der muß den Muskelkater und schmerzende Füße in Kauf nehmen – und überwinden; nur so kommt er zum Erfolg.

Die einzelnen Bausteine einer zusammengefaßten Ganzheit der menschlichen Kommunikation begegnen unserem Wanderer und treten personifiziert in der Form von Kindern auf. Die Kinder kommunizieren in der Urform der Dialektik – dem Dialog. Auf seiner Reise muß der Wanderer die kommunikativen Hürden überwinden, wobei den sprachlichen Dialogen fachliche Visualisierungen gegenüberstehen:

1. **»Positive Geisteshaltung« (suggestiver Motivationsfaktor unseres Handelns) als Streßblocker**
2. **Körpersprache unter dem Einfluß von NLP – das »Himmel-Hölle-Syndrom«**
3. **Das Wie des Sprechens – Rhetorik**
4. **Das Was des Sprechens – Dialektik**
5. **1.–4. im Rahmen Freudscher Traumdeutung, unter dem Einfluß von NLP, Philosophie und Psychologie**

Ist die *Traum*-Reise beendet, herrscht nicht nur im »Wanderer« ein guter Zustand vor, sondern vielmehr auch im Leser als »Mitsteiger«, der ähnlich dem Bergsteiger dem »Höhenkoller« begegnet und das Höhengefühl miterlebt. In diesem Gefühl kann der Leser nach unten blicken in das Tal des eigenen Daseins, kritisch und bewußt. Gleichzeitig wird er fühlen, den Sternen näher zu sein, und fühlt den Spruch widerlegt, daß *Hochmut vor dem Fall kommt*. Er trägt den Keim der Motivation in sich, nach diesem Berg einen nächsten besteigen zu wollen – um den (eigenen) Sternen näher zu kommen; und der Weg zum eigenen Erfolg kann nie der schlechteste sein, ist doch nichts erfolgreicher als der Erfolg selbst.

Jedoch: Die Frage des »Warum denn« muß beantwortet werden. Eine Vielzahl der heute in den Arbeitsprozeß eingegliederten Menschen fühlt sich sprachlos bis sprach-degeneriert. Im Wissen um die eigene Unwissenheit oder das eigene Unvermögen werden Scheinfreundschaften geschlossen – vor allem aber entstehen nicht-ausgesprochene Kompromisse als latent versteckte Kommunikationshemmnisse. Dieses magische Viereck, das seinen Namen durch die vier Ebenen erhält, zu denen Kompromisse rund um den Schreibtisch geschlossen werden können – nach oben, unten, rechts und links –, ist durch stillschweigende Nicht-Angriffs-Pakte gekennzeichnet. Doch auch für das Privatleben gilt das magische Viereck, durch Ehefrau und Ehemann, Kinder, Eltern und Freunde. Man plätschert dahin, kommt Zeit, kommt Rat, kommt berufliche Beförderung, oder Parkinson bläst den Ballon dann endgültig auf. Auf alle Fälle – man muß nur warten und die Dinge aussitzen können.

Wer es in sich fühlt und aus eigener Erkenntnis heraus den unwiderstehlichen Drang verspürt, aus diesem Viereck ausbrechen zu wollen – nach oben und damit zum Erfolg seiner selbst (wie auch des gesamten Unternehmens) –, muß bei Bewahrung von Teamgeist, Kollegialität und Fair play sein analytisches und logisches Denkvermögen schulen – aber vor allem: seine Gedanken auch in Worte fassen können, die mehr als nur verstanden werden. Heidegger bezeichnet die »Sprache als das Haus des Seins«, und darüber hinaus gilt es als eine anerkannte Tatsache, daß die Worte resp. die Sprache die Welt des Menschen bedeuten – wie auch die Grenzen seiner Welt. Wem es also verbal wie non-verbal durch schlichte Unkenntnis versagt ist, einen Sachverhalt durch seine Sprache oder Wörter zu beschreiben, dem sind die Grenzen seiner Welt und damit sein Rahmen der dialektischen Kommunikation (Linguistik) deutlich vor Augen geführt.

Es ist also nicht nur entscheidend, daß man etwas sagt, sondern auch, *was* man sagt. Und es wird zum Erfolg des Menschen, begreift er im nächsten Schritt, daß es auch noch längst nicht genügt, was man sagt, sondern *wie* man *was* sagt – *und wie es ankommt.*

Darüber hinaus verspricht aber erst die Umsetzung des Wortes, was das Wort nur zu deuten versucht, denn *gesagt,* (zu)*gehört, verstanden, einverstanden* und *behalten* sind erst Voraussetzungen für besagte Umsetzung des Wortes aus dem *wie* man etwas und dem *was* man sagt.

1. Das Versagen

»Meine Damen und Herren, die Sitzung ist eröffnet.« Die Konferenzteilnehmer sitzen in U-Form zusammen. Vorne steht alleine und noch verlassen das Rednerpult mit seinen Hilfsmitteln der Visualisierung wie Projektor, Pin-Wand, Dia-Gerät, TV etc., drohend für den, der diese Bühne als Darstellung und Offenlegung seiner Person fürchtet, wartend, lauernd. Das Summen der Klimaanlage schafft einen unangenehmen Beiklang, und die Tische riechen wie frisch vor dem Wochenende poliert.

Er sitzt in dieser Runde, *er*, der keinen Namen trägt – außer ›*er*‹. Auch *er* hatte sich gesetzt und beginnt nach außen scheinbar ruhig und doch nach innen nervös seine Unterlagen zum erneuten Male zu ordnen. *Er* sitzt im Schatten der Wand, seine Haarfarbe ist nicht erkennbar, auch die Farbe seiner Augen nicht. Sein grauer Anzug sitzt eng um seine Gestalt, die im Sitzen weder als groß noch als klein zu definieren ist.

Der Tag der Entscheidung, auf den *er* so lange gewartet hatte, schien gekommen. Und mit diesem Tag die ersehnte Erfüllung seiner Tätigkeit, die *ihm* Motivation war. Das Ende dieses mehrmonatigen Projektes sollte die Selbstbestätigung seiner Leistung werden. Diesem Projekt hatte *er* all seine Zeit gewidmet – und nach der Scheidung von seiner Frau vor drei Monaten war es nicht selten gewesen, *ihn* noch spät abends im Unternehmen anzutreffen, *er* verdrängte.

Die Geschäftsleitung hatte *ihm* die Evaluation der wirtschaftlichen Komponenten übertragen, seinem Kollegen (oder vielmehr seinem Konkurrenten um den Stuhl des Abteilungsleiters) die Evaluation der technischen Komponenten. Die Geschäftsleitung erwartet für heute ein Ergebnis – und über die Empfehlung beider Projektleiter die konkrete Entscheidung.

»Es wird schon schiefgehen«, denkt *er* sich, ohne dabei auf die *negative Formulierung* seines Wunsches zu achten und ohne das Wissen, daß sein Gehirn die Negation nicht erkennt und folglich nur das »schiefgehen« speichert – sowie die nun unbewußte innere Angst genau davor: daß es schiefgehen könnte.

Er dachte kurz zurück, daß *er* sich mit seinem Konkurrenten nicht auf die Vorzugsvariante einigen hatte können. Seine sachlichen Daten würden jedoch beweisen, daß Firma *Primär* in allen Punkten der Firma *Sekundär* vorzuziehen sei. Sein Konkurrent, als erster zur Präsentation gebeten, stand selbstbewußt auf und schritt nach vorne. Der Konkurrent blickte schweigend in die Runde. Auch *er* konnte fühlen, wie die Spannung dadurch stieg. Der Konkurrent begann…

»Meine Damen und Herren… Sie werden in den nächsten 30 Minuten auf der Basis meiner Ausarbeitung erkennen, daß die von *uns* evaluierte Variante 2, also die Firma Sekundär, genau *unseren* Erwartungen als Partner entspricht, schon allein auf Grund der Tatsache, da sie unsere gesetzten Prämissen A, B und C voll erfüllt… und so möchte ich abschließend bemerken, daß es als eine Tatsache gilt, die uns natürlich die Entscheidung wesentlich erleichtert, daß, sind die Prämissen A und B erfüllt, somit auch knapp 70% der Prämissen bereits erfüllt sind. Es ist weiterhin eine in der Branche geltende Tatsache, daß bei einer Prämissenerfüllung von ca. 60% für C, bei also 90% der Erfüllung von A, B und C, ein sehr hoher Erfüllungsgrad gegeben ist. Die Kosten einer weiteren detaillierten Prüfung der Prämisse C würden damit nicht linear, sondern stark proportional steigen, wobei ein detaillierteres Ergebnis von sagen wir einmal dann 85% also bei einer detaillierten Prüfung einer Erfüllung der Prämisse C mindestens zwei Jahre in Anspruch nehmen würde… Mit der Erfüllung der Prämissen A und B und der hohen Erfüllung der Prämisse C mit ca. 60% dürfte somit schon aus ökonomischen Gründen die Entscheidung für die

Firma Sekundär gefallen sein. Der unschätzbare Wettbewerbsvorteil einer raschen Lösung steht damit ebenso fest wie – und das möchte ich nochmals deutlich hervorheben – der Vorteil des sofortigen Einsatzes aus dem Blickwinkel des Kostenaufwandes einer detaillierteren Evaluation, vor allem unter dem Aspekt des zur Zeit herrschenden Konkurrenzdruckes ... Ich empfehle die Variante 2 mit der Firma Sekundär.«

Er hatte gespürt, wie die Erregung in *ihm* gestiegen war. Was sein Konkurrent hier »betrieb«, war offensichtliche Manipulation. Gerade die Erfüllung der Prämisse C sei es doch, die in ihrer Erfüllung den Erfolg des gesamten Projektes bedeuten würde. *Er* sitzt kerzengerade bis stocksteif auf seinem Stuhl. »Das ist doch Manipulation der Daten«, ruft er, sich mit den Armen auf seine Schenkel stemmend.

Seine Atmung hat sich beschleunigt, seine Muskeln sind angespannt, als wenn es gleich gelte, in die Arena zum Kampfe zu stürmen. »Ich werde beweisen, daß Firma Primär die bessere Variante ist.« Der Konkurrent blickte ihm einen langen Moment fest in die Augen. Die Körperhaltung von *ihm* bleibt ihm nicht verborgen – und läßt ihn seine Strategie der Verunsicherung von *ihm*, mit dem Ziel, *ihn* vor den Konferenzteilnehmern in Erregung bloßzustellen, weiterverfolgen.

Selbstsicher steht der Konkurrent da, mit beiden Beinen fest auf der Erde, er öffnet seine Arme, so als wenn ein Tor sich aufschließen würde, fast flehend ist der Eindruck – und spricht dann ruhig und sachlich, mit Blickrichtung zu den Konferenzteilnehmern, die Augenbrauen aufmerksam nach oben ziehend, mit berechnend enttäuschtem Klang in der Stimme: »Leider, leider muß man eingestehen, daß dieser Streitpunkt für dieses Projekt typisch war, da *er* diesen tatsächlich gegebenen Sachverhalt stets anzweifelte.« Seine Stimme wird fester, als er fortfährt. »Dies ist so, als wenn *er* leugnen würde, daß die Prämissen A und B zu 100% erfüllt sind.« ... es schwingt die Leidenschaft in seiner Stimme... »Aber mit *seinen* Emotionen haben wir doch keine Grundlage für eine Entscheidung, aber daran hat *er* wohl nie gedacht.« Nun ist es aber genug, denkt *er* und ruft erregt: »Das ist ja eine Frechheit, mir solche Dinge vorzuwerfen, wo ich doch stets nur das Beste für das Unternehmen im Auge habe und dafür sogar noch bis in die Nacht gearbeitet habe...« Da unterbricht der Konkurrent mit den Worten: »Das ›Beste‹ läßt sich doch interpretieren, und ich betone nochmals, daß ich ihre Erregtheit nicht verstehe, kommen sie doch endlich zur Sache.«

Er spürt, wie der Konkurrent *ihn* hereingelegt hat, ihm die Emotion diktiert hat, der *er* blindlings gefolgt war. Er hatte mit Emotion auf die brillante, logische, aber unrichtige Argumentation geantwortet. Eine Argumentation mit Scheinargumenten und unrichtigen Darstellungen

»...eine in der Branche geltende Tatsache, daß bei einer Prämissenerfüllung von also 70% ein sehr hoher Erfüllungsgrad gegeben ist. Die Kosten einer weiteren detaillierten Prüfung der Prämisse C würden damit nicht linear, sondern stark proportional steigen...«

und dialektischen Circel-Schlüssen

»...Dies ist so, als wenn *er* leugnen würde, daß die Prämissen A und B zu 100% erfüllt sind...«

und dialektischen Torpedos

»...Das ›Beste‹ läßt sich doch interpretieren, und ich betone nochmals, daß ich ihre Erregtheit nicht verstehe, kommen sie doch endlich zur Sache...«

Wie konnte der Konkurrent nur seinen Sachverstand an-

zweifeln, wie seine Bemühungen, das Beste für das Unternehmen zu wollen? Da sitzt *er*, sein Atem geht beschleunigt, *er* spürt die aufgeregte Röte seines Gesichtes, die Muskelanspannung – und fast ist es so, als wenn der Geruch des Schweißes unter seinen Achseln sich unaufhaltsam im Raum ausbreiten würde. Ein kurzer hektischer Blick in die Runde zeigt *ihm*, daß *er* verspielt hat, noch bevor *er* begonnen hat.
Er sinkt für einen Moment in sich zusammen, läßt den Kopf, Schultern und Arme hängen, blickt kopfschüttelnd auf den Boden zwischen seinen Schuhen. Fast mühsam richtet *er* sich wieder auf, erhebt sich mit starrem Blick – und geht, als wenn *er* eine schwere Last hinter sich ziehen würde, schleppend nach vorne, was *seine* Bühne nun nicht mehr ist. *Er* versucht noch, durch klare Daten zu beweisen, wie wichtig die Erfüllung der Prämisse C für den Gesamterfolg ist und daß einzig Firma Primär diese Erfüllung garantieren kann... aber es ist zu spät, seine Bilder können die Worte des Konkurrenten nicht mehr verdrängen. Zu fest sitzt der geschickt ausgeworfene Anker

»...also bei einer detaillierteren Prüfung einer Erfüllung der Prämisse C mindestens 2 Jahre in Anspruch nehmen würde... Mit der Erfüllung der Prämissen A und B und... C... dürfte somit schon aus ökonomischen Gründen die Entscheidung für die Firma Sekundär gefallen sein. Der unschätzbare Wettbewerbsvorteil...«

und läßt *ihn* in der folgenden Abstimmung scheitern. Es ist Freitag nachmittag.

2. Der Traum

Er wählt auf dem Weg nach Hause anstelle der Bahn den Spaziergang durch den Park. Wie brennende Buchstaben visualisiert sich vor seinen Augen das Wort »gescheitert« und die Konsequenzen daraus. War nicht auch seine Ehe gescheitert – bestand eine Verbindung?
Der Wind rauscht leise in den Blättern. Ein Blick auf den kleinen See im Park, wo verlassen eine Flasche schwimmt, vermittelt *ihm* noch deutlicher *sein* Gefühl des »Verlassen-Seins«. Es war Herbst, und so wie das Laub zu Boden fiel, fiel seine Karriereplanung in sich zusammen, verwehte, und zurück blieb nur ein fernes und müdes Gefühl.

Wo war das »bißchen mehr«, das *er* hätte zum Erfolg beitragen können? Waren *ihm* nicht heute die Grenzen seiner Sprache und damit die Grenzen seiner eigenen Welt deutlich aufgezeigt worden? War es nicht letztendlich die Emotion in *ihm*, die über *seinen* Sachverstand gesiegt hatte? Mit welchen rhetorisch-dialektischen Waffen war *er* doch geschlagen worden. Wie negativ seine Gedanken und seine Geisteshaltung doch waren.

Und es stellte sich, so als wenn sie sich stets in diesen Momenten fast zwangsläufig stellen muß!, die ewig währende Frage nach dem »Sinn des Daseins«. Diese Frage, die *er* sich schon so oft als Kind gestellt hatte, und worauf seine Eltern *ihm* nie eine Antwort geben konnten. *Er* hatte es nicht gelernt, wie man eine Streßsituation in sich wieder abbaut. War *er* als kleines Kind wütend gewesen, weil sein mühsam erbautes Kartenhaus zerfiel, hatten sie gelacht und *ihn* geneckt. Dabei waren stets *seine* Emotionen gestiegen. So hat die »Kiste« von damals noch heute ihre Bedeutung, erkennt *er*. »Aus *dir* wird nie ein richtiger Mann«, hatte sein Vater gesagt, als *er* blutend und geschlagen nach der Schule nach Hause kam. »Aus *dir* wird nie etwas«, sagte seine

Mutter, als *er* die entscheidende Lateinarbeit verpatzt hatte. Sein Selbstvertrauen, war es überhaupt jemals präsent gewesen, schwand und schwand, und mit ihm der innere Ansporn, der das Entstehen *seiner* Motivation bedeutet hätte. Das war seine *Kiste* gewesen – und die Flasche trieb auf die Mitte des Sees zu.

Hatte *er* zu hoch hinausgewollt und mußte nun seiner »bescheidenen Intelligenz« Rechnung tragen? War der Weg vorgezeichnet, in der Mittelmäßigkeit steckenzubleiben – mit dem Brandmal des Gescheiterten. Ging es nicht auch uns einmal so?

Als *er* seine Wohnung erreicht, beginnt es zu regnen, und der Dampf, der durch den einsetzenden Regen vom noch heißen Asphalt der Tageshitze aufsteigt, steigert *sein* Gefühl der Beklommenheit. *Er* wählt die Nummer seiner geschiedenen Ehefrau – und legt doch gleich beim ersten Läuten wieder auf.
Er wählt eine andere Nummer – der monotone Piepston zeigt *ihm* immer deutlicher das Alleinsein auf. Da fällt *ihm* der alte *Freund* ein – und nach langem, endlos scheinendem Warten hört *er* den vormals vertrauten Klang der Stimme:

»Hallo ... tut mir leid ... ich habe nicht viel Zeit ... muß weg ... Termin – aber morgen, wenn *du* willst, um 7.00 Uhr, hole ich *dich* ab und wir fahren zum Fuße eines *dir* noch nicht bekannten Berges ... JA ... freut mich ... bis morgen.«

Er trinkt das Glas aus und stellt es in die Küche, die Küche mit dem Fenster auf die Dächer der Stadt. Es dämmert bereits. *Er* legt sich nieder, einen Roman in der Hand, liest – schläft ein.

Und es ist so, als wenn Segmente aus einem Ganzen herausbrechen – zuerst langsam, dann immer schneller. Aus dem Dunkeln heraus tauchen sie auf, drehen sich, beschleunigen

und über das grelle Licht der Gegenwart tauchen Sie in *ihn* hinein, in *sein* Unbewußtes ... in seinen Traum

Gescheitert

Ehe gescheitert

Projekt gescheitert

Berg

Erfolg

Sinn des Daseins

Freund

Rhetorik

Dialektik

Kommunikation

Hochmut kommt vor dem Fall?

um *ihn* mitzunehmen auf eine Reise, eine *Traum*-Reise in das »Tal des Daseins«.

Er wacht auf, und die ersten Strahlen der Morgensonne suchen fast schüchtern ihren Weg zu *ihm*. Er ist verwirrt, und doch spürt *er* eine eigenartige Kraft in sich. So, als wenn ein schlafender Riese in *ihm* sich zum ersten Male gestreckt hätte, langsam erwacht. *Er* hat den Traum vor Augen, den Geruch des Berges in der Nase, ein Hochgefühl, für einen kurzen Moment den Sternen nahe gewesen zu sein.
Waren dies die Lichter und Spuren der Vergangenheit? Oder doch die Hoffnungsschimmer, nach denen es sich zu greifen lohnt. Es bleiben die vielen Fragen – vielleicht der *Freund*?

Es ist paar Minuten vor 7.00 Uhr, als es an der Türe klingelt und sein Freund *ihn* abholt. Sie fahren durch die Stadt, von dort aus auf die Autobahn, und während die Landschaft monoton im Zeichen des werdenden Tages vorbeigleitet, erzählt *er* seinem Freund von *seiner* bitteren Niederlage. Der Freund hört aufmerksam zu. Schon immer hat *er* ihn bewundert, auch damals, in der Schule, die sie gemeinsam besuchten. Die ruhige Art, das Verständnis, das Wissen des Freundes, dieses aktive Zuhören läßt *ihn* sich geborgen fühlen.

Bald sitzt *er* schweigend neben *seinem* Freund im Auto. Die Landschaft zieht vorbei, die höher steigende Sonne taucht das näher kommende Bergmassiv in ein immer helleres Licht. *Sein* Freund spürt, daß *er* nun alleine mit *seinen* Gedanken sein will. Und *er* fühlt sich wohl in der nun herrschenden Ruhe; alleine zu sein und doch jemand an der Seite zu wissen. Wie schön wäre es, wäre *seine* Frau noch bei *ihm*, an *seiner* Seite. Vergangen, Vergangenheit.

Sie erreichen ihr Ziel und parken das Auto am Fuße des Berges, ordnen ihre Ausrüstung, beginnen mit dem Aufstieg. Ein Gefühl der Aufbruchsstimmung bemächtigt sich *seiner* und schenkt *ihm* für einen kurzen Moment einen Schimmer von Kraft und Hoffnung.

Sie wandern bergan durch den Wald, über Wiesen und Bäche, sehen vereinzelt für kurze Augenblicke Tiere des Waldes. Das Grün um sie herum schenkt *ihm* Ruhe. Die Reinheit der Luft klärt *seine* Gedanken auf, und *er* fühlt den Wald als Stätte des Ursprungs, die Bäume als Zeichen der Beständigkeit, ein Ort, erfüllt von besänftigender Musik.

Der Wald gibt die Wanderer frei, es geht weiter, steiler bergauf, die Landschaft wechselt kaum merklich. *Seine* Beine beginnen zu schmerzen, er spürt die Muskeln und das Gewicht der Ausrüstung auf *seinem* Rücken. Der Schweiß beginnt sich durch sein Haar den Weg zu bahnen. Warum quäle *ich mich*, so denkt *er* sich; war der gestrige Tag nicht Qual genug? Wäre es nicht schöner zu Hause, ein warmes Bad, Musik, ein Glas Wein für die Melancholie.

Von der Seite blickt *er* den Freund an. Dieser schreitet weiter, den Kopf erhoben, ein zufriedenes Lächeln auf den Lippen. Es scheint, als würde er beim Aufstieg Kraft gewinnen; als wenn es dort oben auf dem Gipfel des Berges etwas geben würde, was erstrebenswert für *ihn* ist.

Sie nähern sich einem kleinen Rastplatz, einer alten verwitterten Holzbank. *Er* bittet um Rast, und sie setzen sich. *Er* trinkt. Der Wind streicht kühl und erfrischend um sie, läßt die Blätter des Baumes sanft rascheln. Zufriedenheit. Unter ihnen liegt das Tal, der Ursprung ihrer Wanderung – der Traum fällt *ihm* wieder ein: das Tal des Daseins.

Fast schüchtern wendet *er* sich *seinem* Freund zu, spricht ihn fragend, unsicher an:

Ich hatte einen seltsamen Traum, den *ich* nicht deuten kann, der *mich* verwirrte und doch auf seltsame Art beim Erwachen gekräftigt hatte. Darf *ich* ihn dir erzählen?

Und während er dies spricht, wandert sein Blick nach unten, auf den Boden, als läge dort der Traum, den es sich zu erinnern gilt. Der Freund blickt *ihn* an, erkennt, daß dieser Blick, diese Blickrichtung, die Erinnerung des Gefühles bedeutet (NLP-Augenbewegungsmuster). Er wartet schweigend, sich leicht zu *ihm* neigend, aufmerksam auf die Worte von *ihm*. Und *er* beginnt, zögernd, leise, *seinen* Kopf hebend. *Sein* Blick richtet sich gegen den Himmel, in der Erinnerung *seiner* Traumbilder. *Er* erzählt *seinen* Traum vom Tal des Daseins, von *seiner* Wanderung und weiß doch nicht, daß *er* das eigene Leben erzählt, das sich hier auf seltsame Art im Traum gespiegelt hatte.

Und so sitzt *er*, leicht nach vorne geneigt, die Schultern hängend, den Blick hinunter in das Tal gerichtet, *sein* »Tal des Daseins«, und beginnt mit *seiner* Geschichte, der Wahrheit *seines* Lebens.

3. Das Tal des Daseins

3.1. Beschreibung

Mein Name ist Sokratissimo. *Ich* lebe in einer Stadt, die in einem Tal liegt, welches *mir* jetzt, vom Traum erwacht, vertraut scheint. Und dennoch ist es *mir* fremd. Hohe Berge umgeben das Tal, schließen es ein. Es scheint, als würden die Berge das Tal gefangenhalten, als wenn es kein Entrinnen geben würde – für das Tal und für die Menschen der Stadt im Tal.
Kein Bewohner des Tales spricht von den Bergen, nicht von dem, was dahinter liegt – oder liegen könnte. Niemand weiß, wie viele Menschen in diesem Tal leben. Einmal scheinen es so viele, daß man meint, sie alle hätten keinen Platz mehr, hier zwischen den Bergen, im Tal. Ein andermal sind die Straßen leer, das bunte Treiben wechselt mit der Leblosigkeit der Stadt.

Kleine graue Häuser formen das Bild der Stadt, und nur die Laute der sich bewegenden Menschen sind zu hören. Die Häuser sind klein, meist nur ein oder zwei Stockwerke hoch. In den Häusern wohnen Familien mit Kindern, alte und junge Menschen, auch Maslow, mein alter Freund, wohnt hier, am Rande der Stadt, in einer kleinen Hütte.

Das Licht, das am Tag die Stadt und das Tal erhellt, die Berge als Giganten der Natur erscheinen läßt, ist dumpf wie das Licht einer Neonröhre. Und grau ziehen die Wolken am Himmel, der niemals zu sehen ist. Wolken, welche die Gipfel der Berge berühren, wie ein Deckel das Tal bedecken. Wenn der Tag die Nacht ablöst, geschieht dies in einem einzigen grellen Blitz, als würde ein Licht angeknipst und uns, *mich* dem Leben freigeben.

Ich bin 17 Jahre alt und habe morgen Geburtstag …

Darf ich *dich* unterbrechen, *dich* etwas fragen? spricht der Freund!

Sicher, antwortet *er*.

Der Freund beginnt: Was glaubst *du*, ist dieses Tal, diese Stadt?

Er weiß es nicht.

Ich werde es *dir* erklären: Dieses *Tal des Daseins* ist *dein* Leben. So, wie der Tag in *deinem* Tal beginnt, als wenn ein Licht angeknipst worden wäre, so hast auch *du* das Licht der Welt erblickt. Von Geborgenheit und Wärme, umgeben von mattem Lichtschein, fast rötlich und doch dunkel, bist *du* hinausgerutscht in das Leben, in das helle und grelle Licht der Lampen des Kreissaales.
Du bist geboren, und *dein* Leben geht weiter, denn begonnen hat es viel viel früher. Und *du* hast eine Entwicklung hinter *dir*, die fantastisch ist, eine Entwicklung, eine Explosion, wie *du* sie nie mehr wieder in *deinem* ganzen Leben erfahren wirst. Als Embryo, ein Punkt am Ultraschall, hat man *dich* entdeckt. Im Übergang zum Fötus hast *du* einem Fisch geähnelt, einem Fisch als frühe Form des Lebens im Wasser, weit vor der Zeit, wo wir Menschen entstanden sind.
Du hast *dich* weiter verändert, *dein* Körper bildete sich, *dein* Gehirn, alles wuchs durch die Nahrung *deiner* Mutter. Sie war und ist es, die *dir* alles gibt, die *dich* versorgt und umschließt, beschützt und behütet.

Du bist einzigartig auf dieser Welt, niemand kann *dir* gleich sein, *du* bist ein großartiges einzigartiges Wunder.

Mache *dir* dies stets bewußt. Es gibt keine Kopie von *dir, du* bist ein Individuum.

Der Berg, der das Tal umschließt, ist die scheinbare Grenze

deiner Welt. Doch jeder Berg hat ein Tal, jedes Tal gehört zu einem Berg. Und so sind beide miteinander verknüpft, existieren jeweils in ihrer Polarität durch den anderen und sind dabei doch eine Einheit. Was war zuerst – Henne oder Ei? Die Ebene, die Scholle war zuerst, aus ihr entstanden Berg und Tal, untrennbar vereint.

Und so ist auch das *Tal des Daseins* ein Teil des Lebens, welches es zu begreifen gilt. Die Berge sind die scheinbaren Grenzen dieser Welt, so wie die Sprache die Grenze der Welt eines jeden einzelnen ist. Nur was der Mensch in Worte fassen kann, das kann er auch verstehen. Je mehr Worte er beherrscht, je mehr sein Geist erfassen kann, desto weiter sind die Grenzen seiner Welt. Doch dazu muß er aufbrechen, die Grenzen kennenlernen, überschreiten, den ersten Berg, den nächsten überschreiten.

Berge sind die Zeugen der Veränderung der Welt, unserer Erde, die gemessen an der Weite des Universums ein kleiner, aber bemerkenswerter Teil ist. Es herrschen gewaltige Kräfte vor, die die Erde in ihrer Form gestalten, die Oberfläche formen und in ständiger Bewegung halten. Berge entstanden durch die Bewegung der Schollen, einmal sich aufeinanderschiebend, einmal auseinanderreißend und ein Tal freigebend, einmal sich als Gestein in Form einer Welle aufhäufend.

Das ist Leben, *dein* Leben, *dein* Tal des Daseins, in dem *du* geboren bist.

Doch fahre fort, es interessiert mich sehr und ... ich würde *dich* gerne noch etwas fragen. Darf ich *dich* unterbrechen, wenn ich glaube, daß eine Erklärung notwendig ist, um den nächsten Schritt zu verstehen?

Ja, du darfst. Und doch möchte *ich* es anzweifeln, daß dieser Traum *mein* Leben sei. *Ich* zweifle daran.

Doch vielen Dank für deine Erklärung. Sie könnte beweisen, warum *mir* dieses Tal, dessen Bild vor *meinen* Augen so unbekannt erschien, *mir* doch im Gefühl so bekannt vorkam. Wäre dies allerdings *mein* Leben zur Gänze, was *ich* bezweifle, so wäre also diese Geschichte *meine* Geschichte. *Ich* bin froh, daß du als mein Freund bei *mir* bist, *mir* hilfst, auf der Suche nach einer Erklärung, als Wahrheit des Traums.

Doch laße *mich* weiter erzählen, du wirst dann verstehen, warum *ich* deine Meinung anzweifle. *Er* spricht dies bestimmt, energisch und fährt fort.

3.2. Geburt und Kindheit als kommunikative Einflußfaktoren

...Ich bin 17 Jahre alt und habe morgen Geburtstag.

Doch ich bin nicht glücklich. Wieder einmal hatte ich zu Hause eine heftige Auseinandersetzung mit meinem Vater. »Aus *dir* wird nie etwas«, hatte er gesagt, »*du* enttäuscht mich«, wie *ich* diese Aussagen leid bin, sie tun *mir* weh. Es sollte ein Ansporn sein und schafft dennoch nur Wut, Verzweiflung. *Mein* Vater versteht *mich* nicht, es scheint keinen Sinn zu haben, mit ihm zu reden.

Während *ich* auf dem Weg zu *meinem* guten alten Freund Maslow bin, fällt *mir* ein, wie *mich mein* Vater vor Jahren in das Wasser eines kleinen Sees geworfen hatte. *Ich* war ein kleiner Bub – »nun lerne schwimmen«, waren seine Worte, während *ich* schreiend im Wasser strampelte. Es schien *mir*, als hätte *ich* jeden Boden unter den Füßen verloren, als wäre *mir* der Grund weggezogen worden. *Ich* fühlte unangenehm die Schwerelosigkeit *meines* Körpers, *meines* Daseins. Noch heute fühle *ich* in der Erinnerung die Kälte des Wassers, verspüre das Gefühl der Verlorenheit und Entsetztheit, höre den Klang der Stimme *meines* Vaters, sein Lachen, spüre das Wasser im Moment des Aufpralls und des Eintauchens *meines* Körpers, sehe den fragenden, duldenden Blick *meiner* Mutter.

All das kommt *mir* in Erinnerung, während *ich* auf dem Wege bin zu Maslow. Ein Mädchen begegnet *mir*, und sie erinnert *mich* an *sie*. Auch *sie* hatte dieses lange Haar, zum Zopf geflochten. *Sie* war älter als *ich* gewesen, ein Jahr, zwei Jahre, *ich* weiß es nicht mehr. *Mein* Vater wollte, daß *ich* mit *ihr* ausgehe, tanze, *mich ihr* nähere. »Sonst kommst *du* doch nie zu etwas«, hatte er gescherzt. *Ich* war gerade 16 Jahre alt geworden. Es war eine verwirrende Zeit für *mich*, neu, beängstigend. *Ich* fühlte *mich* noch nicht reif genug, hatte Angst und war doch neugierig. *Ich* erinnere mich, was geschah, *ich* gehe weiter.

Darf ich *dich* unterbrechen? fragt der Freund.

Er nickt, wendet sich ihm zu, blickt ihn an.

Wenn das *dein* Leben ist, wie ich annehme, so sind *deine* Erzählungen die Anker *deines* jetzigen Lebens. Hat *dich* *dein* Vater jemals in ein Wasser geworfen?

Nein!

Dann erinnere *dich*, ob jemals Dinge geschahen, wo *du* einen Schubser brauchtest, um sie zu tun, ob jemals Situationen eintraten, wo *du dich* fühltest, als hätte man *dich* in kaltes Wasser geworfen.

Er lacht. Jetzt verstehe *ich*, ja du hast recht, es gibt deren viele Beispiele. Auch sagte mein Vater stets: »Tue etwas, wofür ich stolz auf *dich* sein kann, beweise mir, daß *du* ein richtiger Mann, mein Sohn bist.«

»Es scheint, als würden hierin, in diesen beiden Beispielen, die Schlüssel für *dein* Leben liegen. *Du* hast recht! Unvorbereitet in eiskaltes Wasser geworfen zu werden, gegen den eigenen Willen, ist wahrlich kein angenehmes Gefühl, dessen es sich angenehm zu erinnern gilt. Und doch mußt *du* lernen, *deinem* Vater seine Taten nicht mehr übelzunehmen. *Er hat es gut gemeint*, das Resultat sollte ein anderes sein.

Ist es nicht so, daß *du deinen* Vater für *dein* Scheitern verantwortlich gemacht hast – noch heute machst? Ist es denn nicht stets leicht für *dich* gewesen und angenehm, immer eine Person zur Verfügung zu haben, welche die Schuld, *deine* Schuld, in sich aufzusaugen hat, dafür verantwortlich ist – für *dein* Leben? Ist es denn nicht so, daß *du dir* sagst, hätte mein Vater nicht zuviel von mir verlangt, hätte er nicht dies und jenes getan, gesagt, signalisiert, es wäre alles anders gekommen? Ist *dein* Vater nicht die Schublade für alles, was mit Scheitern zu tun hat, *dein Scheitern, dein Versagen* in der Verhandlung gestern, *deine Ehe, dein Leben*. Entschuldige bitte die Schärfe meiner Worte, aber ich möchte mit *dir* zusammen die *Wahrheit* ergründen, ich brauche *deine Bereitschaft* dazu, bekomme ich diese von *dir*?«

Er schluckt. *Er* fühlt sich unwohl, weicht dem Blick des Freundes aus. *Seine* Atmung wird schneller, *sein* Körper wirkt angespannt, wie gestern, in der Verhandlungssituation, wie immer in kritischen Situationen. Wäre *ich* doch nur zu Hause, was für eine dumme Situation, denkt *er*. Doch *er* kann ihr nicht entrinnen, muß bleiben, ist gefangen in *seiner* Kiste. Die *Berge* umschließen *ihn*, wie die Berge das Tal umschließen. Es gibt kein Entrinnen, es fehlt *ihm* der Mut.

Da sagt der Freund in weichem Ton: Komm. Laß uns ein Stück weiter bergauf gehen. Wenn *du* möchtest, dann können wir danach weiter sprechen.

Die Entscheidung liegt nun bei *ihm*, wie so oft in *seinem* Leben. Es scheint nur zwei Möglichkeiten zu geben: reden oder schweigen.
Er ärgert sich über *sein* Unvermögen zur Antwort – und ist dem Freund doch dankbar, daß dieser *ihm* die Möglichkeit und Zeit zum Überdenken, zur Ruhe mit sich selbst läßt. Wie gerne würde *er* doch antworten, spontan, von Herzen, aber *er* kann nicht, glaubt nicht zu können.

Der Weg geht weiter, führt sie voran. Nach zwei Stunden des schweigenden Aufstieges erreichen sie eine kleine Berghütte. Sie setzen sich, lassen sich zum Essen und Trinken nieder. Es bohrt und arbeit in *ihm*. Es fehlt an Mut – schon wieder steigt die Aggression gegen sich selbst, gemischt mit der Verzweiflung einer Erkenntnis der eigenen Schwäche und Unfähigkeit. Was soll *ich* nur tun?

Ich würde mich sehr freuen, wenn wir unser Gespräch fortsetzen könnten. Es tut mir leid, wenn ich vorhin etwas schärfer wurde. Sage mir, wie sollte ich *deiner* Meinung nach sein, mich geben, damit *du dich* wohl fühlst, wenn *du* mir über *deinen* Traum und *dein* Leben erzählst?

Er fühlt sich wohl bei dieser Frage und antwortet spontan: Danke. *Er* ist dem Freund dankbar, hat dieser *ihm* doch die Entscheidung leicht gemacht, sie *ihm* abgenommen. Er braucht die Hilfe von außen.

Ich würde gerne weiter erzählen, und du darfst mich jederzeit unterbrechen. Wenn du dabei einmal, wie vorher, schärfer mit *mir* sprichst, so kann *ich* das durchaus vertragen. Es war nur die plötzliche Konfrontation mit der Vergangenheit, die *mich* innerlich aufschrecken ließ, unruhig werden ließ, *mich* verunsicherte. Da brauche *ich* Zeit, um *mich* zu besinnen, um *mir* Klarheit zu verschaffen.

3.3. Mit Breitseite zum kommunikativen Mißerfolg

Du mußt dich nicht rechtfertigen, antwortet der Freund. Es genügt mir zu wissen, daß *du* in solch einer Situation einfach eine Pause, eine Unterbrechung für *dich* selbst, für *dein* Wohlbefinden benötigst. So werde ich mich in Zukunft danach verhalten.

Aber merke *dir*: Wer beginnt, sich in einer Diskussion zu rechtfertigen, der hat begonnen zu verlieren. Ich möchte dies einmal »Breitseite zeigen« nennen, wie bei einem Schiff, das durch das Zeigen der breiten Seite des Rumpfes die Angriffsfläche für den Gegner erhöht. Wer Breitseite zeigt, muß stets damit rechnen, einem Feuerwerk ausgesetzt zu werden. Ziel *deines* Verhandlungsgegners ist es dann, die einzelnen Aussagen nicht nur inhaltlich, sondern hauptsächlich emotional anzugreifen, d.h. man verläßt die Sachebene und setzt die Angriffe auf der Beziehungsebene fort.

Du solltest wissen, daß wir kaum Entscheidungen nur mit dem Verstand fällen. Immer spielt unser Gefühl, unsere Intuition, unser »Instinkt« eine große Rolle, die entscheidende Rolle bei der Entscheidungsfindung. Wer dies als *dein* Gesprächspartner in der Konfrontation erkennt, der drängt *dich* emotional als Gesprächspartner, oder besser hier: als Diskutanten, bei einem Streitgespräch, also einem Disput, als Disputanten in die Ecke. Der Angriff auf die Emotion verunsichert, verleitet zu überhasteter Antwort, ebenfalls meist in Form einer neuen Rechtfertigung. »So habe ich dies nicht gemeint, sondern...«, wer kennt diese Aussage nicht! Wer dann der eigenen Emotion unterworfen ist, ihr gehorcht, sich ihr unterwirft, sich von ihr leiten und *ver*leiten läßt, der verliert weitgehend den Zugriff auf seinen rationalen Verstand.

In unserem konkreten Fall hättest *du* mir, oder einem

anderen Gesprächspartner, Diskutanten oder gar Disputanten, unbewußt weitere Angriffspunkte frei Haus geliefert, Aussagen, wo er in *dich* bohren kann. So machst *du* es dem verbalen Gegner leicht, *dich* zu verunsichern, *du* verlierst die Gesprächsführung und Leitung an den »Gegner«.

Wie hättest *du dich* denn gefühlt, hätte ich jetzt mit lauter und herausfordernder Stimme folgendermaßen geantwortet:

Es ist doch wohl ein deutliches Zeichen *deiner* Schwäche, daß allein ein solcher Sachverhalt genügt, *dich*, wie *du* selbst sagtest, »aufzuschrecken«, *dich* »unruhig« werden zu lassen, *dich* zu verunsichern. Das kann dann doch wohl nicht der einzige Grund für *dein* unangebrachtes Verhalten sein! Dabei wollte ich mich nur auf *deine* bescheidene Intelligenz einstellen. Doch das war wohl zuviel verlangt von *dir*.

Die gespielten Worte des Freundes hämmern auf *ihn* ein. Obwohl *er* weiß, daß dies nur ein Beispiel ist, der Erklärung dienend, spürt *er* Aggression in sich erwachsen – und Unfähigkeit. *Er* spürt die Unmöglichkeit *seiner* Antwort und ... daß *er* beginnen möchte, *seine* vorigen Worte wieder zu rechtfertigen ... aber ich wollte doch nur....

Der Freund lacht *ihn* an, offen, herzlich – hebt sein Glas, ohne mit seinem Körper näher an *ihn* heranzurücken. Das Lächeln, das die Situation unterbricht, entkrampft, tut *ihm* gut. Die Distanz, die der Freund wahrt, gibt *ihm* das Gefühl der Sicherheit. Niemand ist in *sein* Reich eingedrungen. *Er* genießt die Pause.

Das meine ich mit Breitseite, sagt nach einer Weile der Freund. Und noch etwas: Bitte sage mir, wie soll ich mich verhalten, wenn ich eine Pause mache, wohin soll ich schauen, mich wenden, hingehen. Was soll ich konkret tun?

Du wirst *dich* wundern, warum ich *dich* dies alles frage. Doch ich möchte mich auf *dich* einstellen, ich möchte, daß *du dich* wohl fühlst, wenn wir über *dein* Leben, also über *deine* Intimität sprechen. Nur wenn ich auf *dich* eingehe, *deine* Emotionalität berücksichtige, nur dann kannst *du* Vertrauen zu mir aufbauen. Ich möchte mich mit meinen Worten *(verbal-linguistisch)*, mit meinem Körper, der *dir* doch unbewußt *(non-verbal)* Signale *(neuro)* sendet, die *du* unbewußt empfängst, auf die *du* reagierst, auf die *du* programmiert bist *(NLP-Neuro-Linguistisches-Programmieren)*, auf *dich* einstellen. Ich möchte, daß *du dich* wohl fühlst, einen guten Zustand hast. Das gute Gefühl in *dir* kann *deinen* Schlüssel zum Tor *deines* Lebens bedeuten und ist die Voraussetzung, die *dich* freimacht, öffnet. Also, was soll ich konkret tun?

Laß mich alleine, ist *sein* erster Gedanke. Doch nicht körperlich alleine. Er antwortet: Blicke *mich* nicht an, schaue einfach weg von *mir*, aber bleibe an deinem Platz.

Wohin soll ich blicken?

Nach unten.

Ist es so richtig?

Nein, noch nicht so recht.

Soll ich nach rechts oder links blicken, soll der Kopf geneigt oder gerade sein, schräg oder aufrecht?

Halt! Blicke nochmals so, nach rechts unten. Ja genau, genau so. Wenn du *mir* auf diese Art in dieser Körperhaltung die Pause verschaffst, dann fühle ich mich wohl in der Situation. Danke, daß du bereit bist, so auf mich einzugehen.

Der Freund lächelt, es ist ein wohlgemeintes Lächeln, nicht störend, sondern Offenheit und Verständnis ausdrückend.

Er fühlt sich wohl und fährt fort. Was du über *mich* sagtest, hat *mich* sehr nachdenklich werden lassen. Ja, ich habe stets meinen Vater für *mein* Leben verantwortlich gemacht, was ich ungerne zugebe. Doch du bist *mein* Freund. Aber ist es nicht doch so, daß er durch unüberlegte Handlungen den Grundstock für *mein* jetziges Verhalten legte?

Ja, er legte einen Grundstock, aber für *dein* Leben bist dennoch nur *du* selbst verantwortlich. Aus *deinen* früheren Erzählungen weiß ich, daß *dein* Vater ein Mensch war, der hart arbeiten mußte, um sich selbst, seine Frau, also *deine* Mutter, und doch auch *dich* ernähren zu können. Früh im Leben mußte er lernen und begreifen, was es zu hungern, schwerst zu arbeiten, also fast schon zu leiden heißt. So wollte er *dich* von Beginn an auf diese Situationen des Lebens einstellen, aus *dir* einen ganzen Mann machen, damit *du* im Späteren nicht vor Situationen stehst, die *du* nicht bewältigen kannst. Was er versäumt hat, war mit *dir* zu sprechen, die *Kommunikation*. Aber hast *du* diese von *dir* aus gesucht, erinnere *dich* bitte?

Nein, ich war froh, wenn ich meine Ruhe hatte.

So tragt ihr beide die Verantwortung. *Du* hättest es in der Hand gehabt. *Du* hast die Chancen nicht ergriffen. Dafür jedoch war *dein* Vater *dir* für *dein* weiteres Leben eine Entschuldigung. Er war die Schublade, in die *du dein* Versagen *deines* Lebens legen konntest. Somit hast *du* jede Schuld von *dir* stets abgewiesen…

3.4. Faktoren der (un)gewollten Handlungsunfähigkeit

Doch es geht noch weiter. Ich möchte es einmal in vier Punkte fassen. Diese Punkte will ich die Faktoren *deiner* ungewollten Handlungsunfähigkeit nennen. Doch eigentlich kennst *du* tief in *dir* diese Punkte, willst diese aber nicht wahrhaben, nicht als *deine* Wahrheit annehmen. So verlange ich von *dir* auch keine Antwort – überlege:

1. Andere sind für *dein* Versagen zuständig.

2. Ohne Schubser von außen geht nichts bei *dir*.

3. Der Versuch, den Ansprüchen anderer gerecht zu werden, endet im Aufbau eines irrealen Vergleichsschemas, einer Scheinwelt.
   Durch das Nichterreichen der übernommenen Zielstellung entsteht Orientierungslosigkeit, die den Grundstock für das Versagen bereits in sich trägt.

4. Faulheit ist bequem, Selbstdisziplin ist unbequem, doch Faulheit führt nicht zum Erfolg.

Merke *dir* für *deine* Zukunft:

> Nur *du* bist *deines* Glückes Schmied.
>
> *Du* hast *dein* Leben selbst in *deiner* Hand.
>
> Was immer *du* erreichen willst, das kannst *du* erreichen.
>
> Glaube an *dich* selbst.
>
> Woran *du* glauben kannst und was *dein* Geist im Glauben erfassen kann, das kannst *du* auch verwirklichen.

Wie?

Wenn *du* das nächste Mal in *deinem* Leben vor einer Weggabelung stehst, so entscheide *dich* für die *Wahrheit*. Wenn *du* also noch einmal in ein sogenanntes kaltes Wasser geworfen wirst, so steige heraus und nehme die Erkenntnis, die *du* dabei gewonnen hast, mit *dir* mit.

Du fühltest, daß *dir* der Boden unter den Füßen weggezogen wurde. Dieses Gefühl war unangenehm. Doch nimm dieses Gefühl an – und nimm *dich* selbst dabei an.

Stelle *dir* die Frage »Was kann *ich* tun, damit *ich* beim nächsten Mal das Wasser als angenehm empfinde?« Lerne also schwimmen. Und wenn *du* untergehst, so tauche wieder auf.

Stelle *dich* der Herausforderung, lerne, lerne *dich* selbst zu disziplinieren. Der Erfolg ist *dir* damit gewiß.

Entscheidest *du dich* für den angenehmen Weg, so wirst *du dein* Tal des Daseins nie verlassen können.
Dein Leben geht in der Scheinwelt weiter, wo andere für *dich* denken und lenken, für *dich* verantwortlich sind.

So wirst *du* selbst es niemals erfahren und erlernen, Selbstverantwortung zu übernehmen.
Was immer *du* dann auch tust, das Haus *deines* Lebens, das *du dir* erbaust, wird aus demselben Material sein wie der Untergrund.

Also: Bekämpfe die Faulheit. Beginne mit der Suche nach der Wahrheit, *deiner* Wahrheit *deines* Lebens. Lerne Selbstdisziplin, um erfolgreich zu sein.

Hast *du dir* jemals die Frage nach dem Sinn *deines* Lebens gestellt? Wenn ja, darf ich *dich* fragen, welches die Antwort in *dir* war?

3.5. Sinn-des-Lebens-Frage als kommunikativer Faktor

Selbstverständlich! Ein jeder Mensch benötigt doch ein Ziel vor Augen, nach dessen Erfüllung er strebt und woran er seine Handlungen und seinen Geist ausrichtet. *Mein* Ziel war, eine Familie zu gründen, im Beruf erfolgreich zu sein, glücklich zu werden. Für dieses Ziel habe ich alles geopfert.

Darf ich mit *dir* eine Vereinbarung treffen, eine Bedingung abklären, für die Form des Gespräches?

Gerne.

Ich möchte *dich* gerne bei diesem Dialog etwas aus der Reserve locken. Nur so, bin ich der Auffassung, wird es *dir* möglich sein, *deine* eigenen Ansichten kritisch im Hinblick auf *deine* Methoden zur Zielerreichung zu sehen – und zu beurteilen.

Du gewinnst dabei *mehr* als nur die Wahrheit, du erhältst auch in dieser Erfahrung Werkzeuge, die es *dir* ermöglichen, daß *du dir* selbst kritisch begegnen kannst.

Wenn du der Auffassung bist, daß solch ein Gespräch einen Nutzen für *mich* bringt, so will ich dazu bereit sein. Ich möchte jedoch dann ›aussteigen‹ können oder wenigstens eine Pause haben, wenn wir an einen Punkt kommen, wo *ich* bemerke, daß das Gespräch *mich* emotional zu sehr bewegt. Kannst du *mir* dies verschaffen, vielleicht in der Form, wie wir vorher miteinander sprachen?

Ich bin gerne dazu bereit. Gibt es noch weitere Merkmale meines Verhaltens, die *du dir* für unser Gespräch wünschst!

Im Moment, nein!

Darf ich dann beginnen?

Ja.

Du nanntest mir die Ziele *deines* Lebens – und definiertest mir dadurch den Sinn, der damit für *dein* Leben verbunden sein soll. Doch sage mir, was hast *du* für die Zielerreichung getan, welches Konzept gab es, an welches *du dich* strikt gehalten hast?

Nun gut. Mein Konzept war, eine gute Ausbildung zu absolvieren, keine Fehler im Leben zu begehen, nach den Gesetzen des Anstandes und der Moral zu leben, eine Familie zu gründen.

Dies sind alles gute Ziele. Und doch sind diese Ziele nur oberflächlicher Natur. Denn, hast *du* diese Ziele *deines* Lebens erreicht, fehlt *dir* die Motivation für das danach.
Aber hast *du deine* Ziele denn erreicht? Die Zielerreichung beweist, ob *dein* Konzept richtig war, ob es durch die richtigen Handlungen unterstützt wurde.
Viele Menschen beantworten heute die Frage nach dem Sinn des Lebens und nach dem eigenen Konzept gleich *dir*. In den meisten Fällen erfahren wir nur ein angenehmes Konzept, eine Scheinwahrheit, die einzigst dazu dienen soll, nach außen moralisch einwandfrei dazustehen. So hat man darüber hinaus auch stets die Entschuldigung präsent, man hätte doch alles für die Zielerreichung getan, wenn nicht...

Grundsätzlich jedoch ist es so, daß für eine Erreichung gleich welchen Zieles verschiedene Faktoren zu berücksichtigen sind. Aus dem Ziel ergeben sich die Handlungen, die begangen werden müssen, um das Ziel zu erreichen. Die sich daraus ergebende Konsequenz für das Handeln ist nur durch Selbstdisziplin wie durch den unbedingten Willen zum Erfolg und aus dem Bewußtsein der eigenen Kraft zu erlangen. Wer sich daran hält, verläßt den Weg des Angenehmen und wird letztlich in der Versagung der Annehmlichkeiten lernen, Selbstdisziplin zu erlangen.

Die Erfolge jedoch, die man dabei erhält, stärken das Selbstbewußtsein und formen den Menschen, wie sie dessen Charakter formen. So wird aus einer Handlung eine Ge-

wohnheit, aus der Gewohnheit eine Charaktereigenschaft und daraus schlußendlich der Bestimmungsfaktor für das eigene Schicksal. Wer diesen Weg bis zum Ende zu beschreiten in der Lage ist, der wird durch sicheres Auftreten und Selbstbewußtsein in der Lage sein, frei und ohne Hemmungen im Kontakt mit seiner Umwelt zu leben. Und damit auch in der Kommunikation mit seiner Umwelt.

Du bist letztendlich gescheitert. *Deine* Ehe ist gescheitert, *dein* Beruf ist gescheitert, wie *deine* Verhandlung gescheitert ist. Somit bist *du* als Mensch gescheitert. Also kann *dein* Konzept, so gut es klingt, nicht richtig gewesen sein. Oder, *du* hast *dich* mit *deinen* Handlungen nicht an das Konzept gehalten. *Du* glaubst jedoch, da das Konzept gut ist, kann *Dich* keine Schuld treffen?

Du siehst dies völlig falsch!

Während *er* dies gepreßt hervorstößt, ist deutlich an seiner Atmung, seiner Körperhaltung, also an seiner kompletten Körperphysiologie, zu sehen, wie stark *ihn* diese Worte berühren. Bisher hatte *er* diese Fragen verdrängt, ohne sich bewußt zu sein, daß hierin der Schlüssel für *sein* Leben liegt.

Der Freund erkennt all dies und wägt die Möglichkeiten ab. *Er* nimmt bewußt die Körperhaltung ein, die *er* sich für solch einen Fall gewünscht hat.
Er könnte jetzt weiter den »Advokaten des Teufels« spielen, um über die hervorbrechenden Emotionen dann die Wahrheit so deutlich emporzuheben, daß diese auch für *ihn* ersichtlich ist. Und doch entscheidet er sich dafür, an dieser Stelle zu unterbrechen. Es ist ihm wichtiger, *ihn* weiter von seinem Traum erzählen und erklären zu lassen. Der Erkenntnisfortschritt soll dann die Basis für eine neuerliche Aufnahme des Gespräches sein.

Ich gebe zu, daß nur *du* selbst *dein* Leben gelebt hast und *deine* Erfahrungen gewonnen, Rückschlüsse gezogen hast. Ich würde mich freuen, wenn wir zu einem späteren Zeitpunkt dieses Gespräch fortsetzen könnten, auf einer vielleicht dann erweiterten Basis *deiner* Erkenntnis.

Während der Freund zu *ihm* spricht, beobachtet er aus einer Veränderung seiner eigenen Körperhaltung heraus die Körperphysiologie von *ihm*. Durch weitere Veränderung der eigenen Körperhaltung, seiner Mimik und Gestik sowie durch einen Wechsel im Klang der Stimme baut der Freund eine geänderte Situation für *ihn* auf. Er weiß, daß er *ihn* zuerst wieder von dem schlechten Zustand befreien muß, *ihn* aus dem Thema, dem Problem *seines* Lebens herausführen muß. Er unterbreitet das Angebot, das Problem beiseite zu legen, was *er* annimmt.

Der Freund bittet *ihn*, mit ihm einen kleinen Spaziergang zu unternehmen. Während er bewußt über andere Themen spricht, humorvolle Passagen aus seinem Leben erzählt, beobachtet er *ihn* weiter. Und es gelingt ihm, durch den Wechsel des Ortes, des Themas und der Situation den Problemzustand in *ihm* zu korrigieren. Und doch ist er sich bewußt, daß dieses Problem nur auf die Seite gestellt ist – und »behandelt« werden muß.

Wieder an der Berghütte angekommen, nehmen sie auf einer Bank vor der Hütte Platz, die ihnen eine herrliche Aussicht in das Tal beschert. Sie können den Wald in seinem Grün erblicken, den sie durchwanderten, das Tal mit der kleinen Stadt am Fuße des Berges, sehen die roten Ziegeldächer der Häuser wie Spielzeug aneinandergereiht. Sie blicken auf die Gebirgskette, welche sich auf der anderen Seite des Tales erhebt und die noch keinen Blick auf das, was dahinter liegt, freigibt. Dennoch sind sie erst auf der Hälfte ihres Weges angelangt.
Die Luft ist frisch, der typische Duft der Bergflora liegt in ihr. Klar ist der Himmel zu sehen, und die Sonne taucht

das Tal in ein helles Licht. Der Moment ist nun gekommen, und der Freund bittet *ihn*, weiter von *seinem* Traum zu erzählen.

3.6. Sexualität als kommunikativer Einflußfaktor

...*Er* erinnert sich, zuletzt über die Begegnung mit dem Mädchen mit den Zöpfen gesprochen zu haben.

...All das kommt *mir* wieder in Erinnerung, während *ich* auf dem Weg bin zu Maslow. Ein Mädchen begegnet *mir*, und sie erinnert *mich* an *sie*. Auch *sie* hatte dieses lange Haar, zum Zopf geflochten. *Sie* war älter als *ich* gewesen, ein Jahr, zwei Jahre, *ich* weiß es nicht mehr. *Mein* Vater wollte, daß *ich* mit *ihr* ausgehe, tanze, *mich ihr* nähere. »Sonst kommst *du* doch nie zu etwas«, hatte er gescherzt. *Ich* war gerade 16 Jahre alt geworden. Es war eine verwirrende Zeit für *mich*, neu, beängstigend. *Ich* fühlte *mich* noch nicht reif genug, hatte Angst und war doch neugierig. *Ich* erinnere mich, was geschah. *Ich* gehe weiter.

Bitte sage *mir*, was bedeutet diese Erinnerung in *meinem* Traum? Auf was will *mich* diese Situation hinweisen. Gibt es eine Antwort darauf?

Ja, antwortet der Freund. Wir sprachen über *deine* Kiste, die Kiste *deines* Lebens. Und so, wie die Geburt ein Zusammenspiel von Gehirn und Geschlecht ist, so ist auch *deine* Kiste von diesen Merkmalen geprägt, bist *du* als Mensch geprägt, auch wenn wir Menschen heute nur allzu gerne darüber hinwegsehen – das Thema totschweigen.

Im Gegensatz zur Pubertät des Mädchens, die mit ca. neuneinhalb Jahren beginnt und etwa mit dem 16. bis 17. Lebensjahr endet, begann *deine* Pubertät, also die des Mannes, erst so mit dem 11. Lebensjahr und endete mit dem 18. bis 19.

Es ist nun eine Tatsache, daß frühsexuelle Erlebnisse, verbunden mit einer Zerstörung der kindlichen Scham, vor allem vor und während der Pubertät die normale Entwicklung des Sexualverhaltens schädigen können und somit Einfluß auf den Menschen an sich nehmen können.

Du meinst also die Zerstörung der natürlichen Scham, mich nicht nackt zu zeigen.

Danke für diesen Einwurf. Die natürliche Scham ist differenziert zu betrachten. Nehmen wir zum einen die Familie. Hier sollte es für eine gedeihliche Entwicklung des Kindes zur Sexualität und für das Annehmen des eigenen Körpers natürlich sein, daß man sich nackt voreinander zeigt. Wir sind nackt geboren. So ist es für das Neugeborene angenehm, nackt auf der nackten Haut der Mutter zu liegen. Verstecken sich Eltern in der pubertären Phase des Kindes, so lernt das Kind nicht, seinen Körper anzunehmen, sexuelle Verklemmtheit erwächst.

Zum anderen meine ich die Scham des Kindes außerhalb der Familie. Pornographie, falsch verstandene außerfamiliäre sexuelle Erziehung durch Cliquen, Freunde und Freundinnen, sexuelle Mutproben etc. können hier die Zerstörung der kindlichen Scham bewirken. Da die kindliche Scham als Schutzschild fungiert, also eine Art Schutzfunktion für die Persönlichkeitsbildung darstellt, wirkt sich eine Störung im frühsexuellen Bereich im weiteren direkt auf die Persönlichkeit des Menschen aus, meist schädigend und nicht verarbeitet.
Dieses latente »Problem« begleitet den Menschen, d.h. schafft Schwierigkeiten im Umgang mit dem anderen Geschlecht zum einen, mit sich selbst zum anderen.

Ich möchte *dir* dies einmal in einer Graphik darstellen. *Du* wirst dabei nicht nur erkennen, wie spät erst der weibliche und der männliche »Mensch« seine pubertäre Entwicklung abgeschlossen hat, sondern auch, wie verschieden, also zeitlich verschoben bei beiden Geschlechtern die Entwicklung vonstatten geht – obwohl das Auge uns doch oftmals etwas anderes (angenehmes) suggerieren will:

Kommt man auch hier der eigenen Wahrheit nicht auf die Spur, so trägt man das Problem in jede Beziehung, Partnerschaft oder Ehe, generell in jede Beziehung, die man zu Menschen eingeht, gleich welchen Geschlechts, da man mit sich selbst nicht im reinen ist. Dieses, wie die »Kiste«, sind wohl dann die häufigsten Merkmale für das Versagen, wenn man sich nicht selbst annimmt, die Wahrheit des eigenen Lebens ergründet.

Nun gut! Aber die Scheidung von *meiner* Frau geschah aus anderen Gründen (Breitseite!!), auf die ich nicht näher eingehen möchte.

Wenn *du dir* dessen ganz sicher bist, so ist dies gut für *dich*. Solltest *du* jedoch einen Zweifel haben, und wenn er noch so klein ist, so versuche ihn zu ergründen. Aber *du* hast recht, dies können wir später erörtern, allerdings nur, wenn *du* es möchtest. Darf ich fortfahren?

Gerne.

Neben natürlichen Hemmnissen wie das einfache Nichtbeherrschen von Sprache, also dem *Wie der Sprache*, und den verbalen wie non-verbalen Methoden, also dem *Was der Sprache*, (mit *Was* ist hier nicht die Semantik als inhaltliche Bedeutung des Wortes gemeint, sondern die emotionale Besetzung des Wortes, die in oder besser zwischen den Worten und Zeilen liegt – *Dialektik*), sind die beiden eben genannten Punkte, die Kiste wie die Sexualität, die beiden meist auftretendsten Gründe für ein Versagen in der Kommunikation, und oft auch im Leben.

Knaben	Alter in Jahren	Mädchen
kindliche Verhältnisse	bis 8	spätkindliche Verhältnisse
kindliche Verhältnisse	8–9	Beginn Gebärmutterwachstum
spätkindliche Verhältnisse	9–10	Gebärmutterwachstum
erster Ansatz zum Wachstum von Hoden, Penis, Vorsteherdrüse	10–11	Brustknospenentwicklung, erste Schamhaare, Längenwachstum
Wachstum Hoden, Penis Vorsteherdrüse	11–12	Brustentwicklung, Beckenverbreiterung, Wachstum der inneren Geschlechtsorgane
erste Schamhaare, Längenwachstumsschub	12–13	erste irreguläre Monatsblutung, Achselbehaarung
deutliches Wachstum von Hoden, Penis, Vorsteherdrüse	13–14	Übergang zur regelmäßigen Monatsblutung
Stimmbruch, Achsel-, Schambehaarung	14–15	regelmäßige Monatsblutung
Reifung Spermien, Bart	15–16	Pickel an Rücken und Gesicht
Bart-, Oberlippenbehaarung, beginnende Körperbehaarung	16–17	Verschluß der Wachstumsfugen an den Röhrenknochen
Pickel auf der Haut, Wachstumsstillstand	17–19	

Aus: Das Kind von 0–6, mvg-Verlag

Dies jedoch nur dann, wenn:

1. die Suche nach der *eigenen* psychischen Wahrheit, also der Wahrheit des Lebens, dem Sinn des Daseins, unterbleibt. Kurz gesagt also die Frage: *Warum bin ich so, wie ich bin.*

2. keine Kommunikation, also kein Dialog, stattfindet, wobei der Punkt 1, also die erfolgreiche Suche nach der Wahrheit des Lebens, immer Vorläufer von Punkt 2 sein muß. Sonst wird nur die Scheinwelt kommuniziert, das Mißverständnis ist vorprogrammiert. Ein jeder Disputant ist dann mittels der Analyse und der Logik in der Lage, *dich* »in alle Bestandteile zu zerlegen«.

Für die weiteren Erklärungen wollen wir annehmen, daß Punkt 1, also die Suche nach der psychischen Wahrheit, nach der individuellen Wahrheit des Lebens jedes einzelnen Menschen, bereits positiv abgeschlossen ist.
Im weiteren will ich mich also nur mehr auf die sachliche Wahrheit und deren Findung sowie das Element dazu, also Punkt 2, die Kommunikation und ihre Grundelemente, beziehen.

3.7. Wahrheit und Gewißheit – der dialektische Dialog

Geht es also unter der Annahme einer erfüllten Prämisse, daß die Wahrheit des Lebens, die psychische Wahrheit, ergründet und positiv angenommen wurde, nur mehr um die sachlichen Wahrheiten der Menschen, so sind Kommunikation und Wahrheitsfindung resp. Problemlösung stark miteinander verknüpft. Der Dialog zwischen den Menschen stellt sich dann als einziges Mittel dar, die Wahrheit ans Licht zu bringen. Eine Wahrheit, die also nicht in einem

Menschen, sondern nur zwischen den Menschen liegen kann, von ihnen gemeinsam gefunden werden kann, über die Kommunikation, im Dialog.

So entstand letztlich auch die Dialektik, betrachten wir den Begriff aus philosophischer Sicht, als die Suche nach der Wahrheit im Dialog zwischen zwei Menschen. In den Schriften Platons (427–348 v. Chr.) herrscht die Dialogform vor. Platon war ein Schüler genau jenes Sokrates, dem die Suche nach Wahrheit, für die er durch das Land pilgerte, letztlich den Giftbecher einbrachte. Hatte Sokrates doch erkannt, daß das, was von oben herab, als Religion und Politik, dem Volk, also uns, als Wahrheit verkauft werden soll, nur subjektive Gewißheit ist – aber niemals die allumfassende Wahrheit sein kann. Denn die Wahrheit gibt es nur einmal, nicht sektenmäßig vielfach oder auf das Parteibuch ausgerichtet.

Bitte entschuldige. Deine Ausführungen sind sehr interessant. Aber bitte, was haben Sokrates und Platon mit der Kommunikation von heute zu tun?

Du hast recht. Sicher betrachten wir hier nicht die philosophischen Fragen nach dem Sinn des Lebens, die sich schon immer den Menschen und Philosophen stellten, sondern die Kommunikation. Das Verständnis aber läßt sich erst umfassend erhalten, wenn wir ein Fundament schaffen. Da heute sowohl mit Sokrates als auch mit Platon die Entstehung der Rhetorik und Dialektik verknüpft wird, ist es notwendig, auf deren Spuren zu wandern.

Doch ich werde meine Ausführungen kurz gestalten.

Sokrates muß erkannt haben, daß der Versuch, subjektive Meinung in Form einer irgendwie gearteten Gewißheit als die einzig vorhandene Wahrheit erscheinen zu lassen, nichts anderes ist als eine gigantische Manipulation des Volkes.

Der Manipulation heute kann man viele Namen geben: TV, Politik, Presse...

Doch niemals mehr wird ein Mensch so offensichtlich beseitigt werden wie damals Sokrates, als man ihn letztlich zwang, den Giftbecher zu trinken.

Jetzt aber ist es Zeit,
daß wir von hinnen gehen:
Ich um zu sterben; Ihr um zu leben.
Aber wer von uns dem besseren Los entgeht,
das weiß keiner außer dem Gott

Sokrates in seiner Schlußrede der Apologie

Volksverhetzung, Verführung der Jugend, Gotteslästerung wurden Sokrates vorgeworfen, weil er die Wahrheit zu ergründen suchte. Dazu suchte er die Nähe zum Volk, um mit geschickter Rhetorik (als der Kunst zu Reden) die Wahrheit im Gespräch mit den Menschen zu finden, den Menschen die Wahrheit zu geben, indem diese die Wahrheit selbst im Gespräch mit Sokrates zu ergründen versuchten.

Platon als Schüler des Sokrates war es dann, der den Dialog als eine zielgerichtete Suche nach der Wahrheit in Anspruch nahm. Diese zielgerichtete Konversation, der Dialog zwischen Menschen, ist somit als der Ursprung der Dialektik zu sehen. Sie ist in ihren Ausprägungen heute eine Form, um über den Dialog zwischen Menschen und über den gemeinsamen Erkenntnisfortschritt zur Wahrheit, zur Problemlösung zu gelangen.

Die sprachliche, methodische wie didaktische Vorgehensweise setzt hierfür nach altüberliefertem Bild eine Grundeinstellung, eine dialektische Geisteshaltung, voraus. Wer sich aber heute davor scheut, sich mit diesem Fundament auseinanderzusetzen, der wird über das bloße Auswendiglernen dialektischer Methoden der Neuzeit bei der Anwendung letztlich scheitern, und somit beim Prozeß der Problemfindung.

Aber laß uns kurz ausruhen, bevor wir unseren Weg fortsetzen. Wir wollen bis abends die Hütte unter dem Gipfel erreichen.

3.8. Faire und unfaire Aspekte in der Kommunikation

Hallo! *Er* setzt sich zu *seinem* Freund an den alten Bauerntisch in der Ecke der Stube, die jetzt am beginnenden Nachmittag im Schein der sinkenden Sonne einen Hauch von Romantik und alten Zeiten versprüht. Mit bäuerlichem Gedeck, frischen Wiesenblumen, duftenden Brötchen und selbstgemachter Butter, frischer Milch, Wurst und Käse ist der kleine Tisch gedeckt und lädt zum verspäteten Mittagessen ein. Das Fenster ist geöffnet und gibt den Blick auf die »Aufgabe« frei, den Berg, den es zu erklimmen gilt. *Er* hatte in dieser einen Stunde gut und tief geschlafen. Die frische Luft, die Bewegung – und die Gespräche hatten *ihm* sehr gut getan. Es war doch ein guter Gedanke, hierher zu kommen, denkt *er* sich. Dabei fällt *ihm* wieder sein Traum ein, *sein* Traum, der noch längst nicht zu Ende erzählt ist, der erst beginnt, so wie in seiner Realität der Aufstieg auf den Berg, die beschwerliche Strecke der Wanderung erst beginnt.

Er spürt, daß er noch nicht bereit ist, den Weg fortzusetzen. Zu viele Unklarheiten sind noch in *ihm*, die *er* sich wünscht, geklärt zu erhalten. Auf die Idee, es selbst zu versuchen, kommt *er* dabei nicht. Wie praktisch ist der Freund, der doch auf alle Fragen die richtige Antwort hat – wie praktisch und angenehm.

Während sie ihre Mahlzeit zu sich nehmen, beginnt der

Freund von neuem: Ich habe vorhin nicht weiter erklärt. Das Fundament, auf das wir aufbauen wollen, ist noch nicht fertig. Darf ich fortfahren?

Danke, ja bitte, erzähle nur. *Ich* habe viel erfahren und bin gespannt, wie es weitergeht. In seinem Inneren ist *er* froh. So kann *er* sich die Frage sparen, ob man nicht erst später mit dem Aufstieg beginnen könnte.

Der Freund beginnt: Habe ich bisher von Kommunikation, Dialog, Rhetorik oder Dialektik gesprochen, so sind diese Begriffe wertneutral gehalten. Ihr Einsatz, ihre Anwendung wird je nach Zielstellung (und Ergebnis) positiv oder negativ, gut oder böse, fair oder unfair. Der philosophischen Frage nach Gut oder Böse möchte ich mich an dieser Stelle nicht zuwenden. Soviel jedoch sei gesagt:

Jede kommunikative Technik oder Methode kann im Dialog der positiven Problemlösung, der Beseitigung eines Konfliktes, dienen. Dem kommunikativen Erfolg beider Parteien. Auf der anderen Seite kann damit einem Gesprächspartner oder Disputanten ein Werkzeug, eine Waffe gegeben sein, welches ihn, den Disputanten, in die Lage versetzt, seine Überzeugung machtvoll auf andere zu übertragen. Dieser dann oftmals einseitig geführte Dialog, der Monolog, ist ein Mittel dazu. Führt der Disputant den anderen geschickt durch die Macht der Sprache und des Wortes, also im Sinne der Manipulation, so können wir von einem manipulativem Dialog sprechen.

Gut oder Böse hängt hier ursächlich davon ab, welches nun die Überzeugung des Disputanten ist und welche Möglichkeiten er für sich, also für den Überzeugungstransfer, in Anspruch nimmt. Nehmen wir den einseitig geführten Dialog, den Monolog der Bergpredigt, als ein Beispiel für *gut*, so kann man die Reden Hitlers und Goebbels – im übrigen hervorragende Rhetoriker wie Dialektiker – im Sinne der geschehenen Volksmanipulation und Volksverhetzung bis hin zur Aufhetzung zum Krieg durchaus als böse bezeichnen. Wobei selbstverständlich die gewählte Betrachtungsweise entscheidend ist.

Ein Ergebnis läßt sich hier allerdings vorwegnehmen: Wer heute durch die negative Anwendung der kommunikativen Elemente (also durch unfaire Techniken und Methoden) mit Gewalt überzeugen will, der wird dies in der Regel auch erreichen. Jedoch: Ein zweites Mal wird ihm kaum die Möglichkeit dazu gegeben sein. Welcher Kunde geht nochmals bewußt in eine Verhandlung mit einem Gesprächspartner, der ihn *über*redet hat – und letztlich doch nicht überzeugen konnte, weder sachlich noch emotional. Der gute Zustand im Kunden fehlt – ein Erlebnis, an das der Kunde sich immer erinnern wird. Der Kunde für das Leben wird dann gewonnen, wenn der Kunde ein gutes Gefühl mit der Person des Verkäufers verbindet.

Stelle *dir* vor, *du* bist der Pächter oder Eigentümer eben dieser Berghütte. Was bitte willst *du* mit einer Hochwasserversicherung. Doch herzlich wenig.

Sollte es dem geschickten Verkäufer durch Manipulation der Sprache und damit durch Manipulation *deiner* Bedürfnisse gelingen, *dich* für den Abschluß solch einer Versicherung zu gewinnen, so kommt die Erkenntnis in *dir* von alleine: Hier wurde überredet, nicht überzeugt.
Der Verkäufer wird niemals ein Anschlußgeschäft mit diesem Kunden tätigen können – die Negativ-Werbung einmal eingeschlossen.

So merke dir:

A: Techniken und Methoden sind grundsätzlich wertneutral.

B: Erst unsere Zielsetzung entscheidet über »Gut und Böse«.

C: Der Kunde soll überzeugt, aber nicht überredet werden. Dazu muß der Verkäufer selbst überzeugt sein. Nur dann kann die Überzeugung erst erfolgreich transferiert werden.

D: Einsatz unfairer Methoden und Techniken zur alleinigen Besserwisserei, zur Selbstdarstellung als kommunikative Zerstörung, als »Manipulation und Suggestion« ist ethisch abzulehnen, da diese die Persönlichkeit verletzt.

Und dennoch gibt es Grenzfälle, welche eine Berechtigung resp. die Anwendung unfairer Methoden unerläßlich machen, sogenannte dialektische Notwendigkeiten.

1. Als Abwehr gegen einen unfairen dialektischen Angriff, wenn es um das »Überleben« geht. Solch eine Situation dürfte in *deiner* Verhandlung gegeben gewesen sein.
   Doch achte darauf, *dein* Gesicht zu wahren. Verlierst *du* es, so hast *du* durch Übertreibung auch die Verhandlung verloren. Dosiere geschickt!

Doch bevor ich *dir* jetzt schon die Möglichkeiten sage, wie *du deine* Verhandlung hättest gewinnen können, muß erst das rationale Fundament stehen. Ich komme später darauf zurück.

2. In Situationen, wo nur die Anwendung unfairer Methoden *dir* den Erfolg bringen wird, wobei der Verhandlungspartner (oder -gegner) nicht sein Gesicht verliert.

Erzeuge mit positiven Methoden in einem tunesischen Teppichhändler einen guten Zustand. Den besten Zustand hat dieser, wenn er den Teppich zum Höchstpreis verkauft hat. Also: Wende alle Techniken an, um zu handeln und zu verhandeln, auch unfaire Methoden, nur so behältst *du dein* Gesicht – und bist erfolgreich.

Doch laß uns jetzt die Ausrüstung packen, wir haben noch einen weiten Weg vor uns. Überdenke dabei all dies, was ich *dir* heute sagte. Wenn *du* Fragen hast, so stelle sie.

Und merke *dir*:

Es wird heute viel zu wenig gefragt oder falsch gefragt

Nur durch Fragen erhältst *du* die Antworten

Es gibt keine dummen Fragen,
es gibt nur dumme Antworten.

Er lacht und sein Gesicht wirkt entspannt.

Danke für deine Ausführungen. Ja, ich habe tatsächlich eine Frage. Eigentlich eine Frage und eine Bitte. Zuerst die Bitte:

Könnten wir erst morgen den Aufstieg zum Gipfel beginnen, in aller Früh. So hätte ich Gelegenheit, *dir meinen* Traum zu Ende zu erzählen, Gelegenheit, mehr über *meine* Wahrheit, mein Leben zu erfahren. Ich wäre *dir* sehr dankbar dafür.

Selbstverständlich!

Danke.

Und nun meine Frage: Ist die Dialektik das einzige Mittel, um zur Wahrheit, zur sachlichen Wahrheit, zwischen den Menschen zu gelangen? Dann wäre doch die Dialektik das probate Mittel, um Konflikte jeder Art, also auch Konflikte zwischen Ehepartnern, im Beruf etc. zu lösen.

3.9. Dialektisch psychische Grundeinstellungen

Ja – und Nein. *Nein*, da es neben der Dialektik sehr wohl andere Formen und Methoden gibt, Wahrheiten zwischen

Menschen zu ergründen. Betrachte nur die breite Anzahl von Methoden in der Psychologie und Psychotherapie.

Und *ja*, da selbstverständlich die Dialektik eine Methode ist, Problemlösungen nicht nur im Beruf, sondern sehr wohl auch im privaten Umfeld zu erlangen. Doch dies setzt, will man sich effektiv mit der Dialektik als Methode zur Problemlösung auseinandersetzen, eine dialektisch psychische Grundhaltung voraus.

Mag dies auch kompliziert klingen, es ist einfach. Einfach zu verstehen – durch Überzeugung und Übung zu trainieren. *Du* merkst, wie wichtig die Überzeugung ist. *Du* glaubst auch mir, da ich von dem, was ich sage, *überzeugt* bin. Ich kann überzeugt sein, da in meinem Rücken die Erfahrung der Geschichte, die Philosophie steht – und vor allem, da ich all die Techniken und Methoden nicht nur trainiere und schule, sondern diese auch positiv in meinem privaten Umfeld einsetze, wenn es gewünscht ist.

Aber gehen wir zurück zur dialektisch psychischen Grundhaltung – und damit wieder zu Sokrates und Platon. Leider befassen sich nur wenige, welche die Möglichkeiten der Dialektik für sich nutzen wollen, mit den Fundamenten dieser »Wissenschaft«. Auch hier herrscht die Bequemlichkeit, die Faulheit vor. Eben ein klares NEIN! zur Selbstdisziplin. Und doch trainieren jene abends im Schweiße Ihres Angesichtes, joggen, heben eiserne Gewichte, quälen sich. Hier ertragen sie gerne. Aber ich meine das geistige Ertragen, das Rufen zu geistiger Selbstdisziplin.

Wir sprachen über das *Breitseite zeigen*. Hier geschieht nichts anderes, als das der Disputant *deine* Breitseite geschickt verwendet, *dich* genau dort angreift mit dem Ziel, *dir* das Gefühl zu diktieren. *Dir* die Emotion vorschreibt mit dem Ziel, *dich* zu verunsichern, um *dich* zu manipulieren. Folgst *du* der Emotion des Disputanten und somit der Manipulation, so wirst *du dein* Gesicht verlieren, den Zugriff auf *deinen* Verstand, die rationale Kontrolle – und letztlich die Verhandlung.

Was ist also richtig? *Du* mußt einen kühlen Kopf bewahren. Lächle. Folge nicht der vielleicht gespielten Emotion des Disputanten. Halte *dir dein* Ziel vor Augen. Und achte dennoch die Emotionalität des anderen.

Nimm als Beispiel eine Auseinandersetzung zwischen zwei Eheleuten. Frau wie Mann kommen beide nur dann zum Ziel, d.h. in Richtung einer beidseitig zufriedenstellenden Lösung, zu einer Problemlösung, wenn jeder von ihnen die Emotion des anderen achtet – und dabei seine eigene Emotion, vielleicht auch die negative Emotion, Aggression oder Wut, unterdrückt.

Oder der Vorgesetzte, der schon am Morgen von seinem Meister »mit hochrotem Kopf« überfallen wird. Nimm *deine* eigenen Probleme und lege diese in das Fach »unerledigt«, so daß *du* diese später leicht findest. Widme *dich* dann dem Problem *deines* Meisters. Die Problemlösung ist das Ziel, sowie das Wiedererschaffen eines guten Zustandes im Meister.

Beachte seine Emotionalität

Nimm die Emotionalität des anderen ernst

Unterdrücke die Emotionalität des anderen nicht

Beachte dabei stets *dein* Ziel

Höre aktiv zu

Wie sonst hätte Sokrates mit so vielen Menschen sprechen können, die er wahllos auf seinen Wanderungen durch die Stadt ansprach. Wie mit der Jugend, die doch voll der Emotionalität ihres Alters, also ihrer Jugend, steckt, die es mehr als zu berücksichtigen gilt.

Platon versteht die Wahrheit als einen Prozeß, der sich in Rede und Gegenrede erst entfalten kann – im Dialog. Wahrheit kann sich also nicht selbst entwickeln, ist nicht automatisch verfügbar, sondern erst das Ergebnis einer gemeinsamen Anstrengung. Da der Ausgang ungewiß ist, ergibt es sich notwendig als Tatsache, die Emotion des anderen zu berücksichtigen. Wer dies nicht beachtet, kann schlechte Zustände in anderen hervorrufen – und verfehlt sein Ziel. Das wollen *wir* nicht.

Doch laß uns gemeinsam ein Beispiel kreieren, wo es heute darum geht, die Emotion, die hinter den Handlungen steckt, zu erkennen. Eben die Ursache hinter der Kommunikation.

3.10. Warum nur Kommunikation

Wir kommunizieren aus verschiedensten Gründen, so daß die folgende Aufstellung nicht den Anspruch auf Vollständigkeit erhebt.

Informationsweitergabe und -austausch

Problemlösung

Mitteilungs- und Selbstdarstellungsbedürfnis

Kennenlernen

Verhandeln

Überzeugen

...oder weil wir uns gerne reden hören

Allein diese Aufzählung zeigt *dir* doch, wie verschieden die Motivation, die Ursache hinter der Kommunikation resp. dem Kommunikationsbedürfnis jedes einzelnen ist. Es gilt die Motivation zu erkennen, sonst ist das zugrundeliegende Bedürfnis nicht befriedigt, die Kommunikation ist einseitig.

Der Frust im Sender ist vorprogrammiert, da seine kommunikative Erwartung unbefriedigt bleibt

Ich möchte *dir* dies an Hand von Beispielen aus der Praxis präsentieren:

Fall:

Stelle *dir* den überfüllten Schreibtisch eines Vorgesetzten vor. Es ist Donnerstag nachmittag. Pausenlos klingelt das Telefon. Die Akten häufen sich. Es herrscht ein gewaltiger Termindruck. Der Vorgesetzte ist mehr als beschäftigt. Mitarbeiter A legt ihm ein fertiges Manuskript, eine Studie, vor, bleibt vor dem Schreibtisch stehen. Die Führungskraft quittiert den Empfang der Studie mit einem Danke – und wendet sich wieder seinen Aufgaben zu.

Welche Art der Kommunikation ist dadurch befriedigt, beziehen wir uns auf die dargestellten Interaktionsmuster?

Informationsweitergabe und -austausch

Problemlösung

Mitteilungs- und Selbstdarstellungsbedürfnis

Kennenlernen

Verhandeln

Überzeugen

Lediglich *die Information* wurde quittiert. Erwartet der Informationsträger A von seiner Führungskraft jedoch eine Befriedigung seines Mitteilungs- oder Darstellungsbedürfnisses, so hat die Führungskraft die *kommunikative Erwartung* des Mitarbeiters nicht erfüllt. Das Argument *Zeit* gilt nicht, sprechen wir doch in unserem Beispiel von einer *Führungs*-kraft.

Du hast recht. Aber woher weiß ich, welches die kommunikative Erwartung meines Mitarbeiters, meines Kunden, meines Partners ist?

Eine interessante Frage, die nicht pauschal zu beantworten ist, sondern jeweils nur für den Einzelfall Gültigkeit besitzt. Hat doch die Führungskraft in Sitzungen, bei Besprechungen, in der direkten Kommunikation, im Beurteilungsgespräch etc. genug Möglichkeiten, den Mitarbeiter auch als Mensch kennenzulernen.

Doch grundlegend geht es uns doch einzigst darum, dem Mitarbeiter *Zeit* zu schenken, seine kommunikative Erwartung zu offenbaren. So ist es von eminenter Bedeutung, dem Mitarbeiter ein Gefühl zu geben, daß seine Arbeit, das Ergebnis seiner Arbeit für das Unternehmen und somit auch für die Führungskraft (Organ des Unternehmens) wichtig ist.

- Bitte ihn, sich zu *dir* zu setzen
- Stecke den Zeitrahmen ab (z.B. für fünf Minuten)
- Quittiere die Information verbal und non-verbal, also auch durch die Körperhaltung, Mimik, Gestik
- Zeige dem Mitarbeiter *dein* Interesse an *seiner* Arbeit
  - Spreche über ein Detail mit *ihm*
  - Verwende Lob (und Tadel)
- Achte dabei auf seine Aussagen (...es war ein schönes Stück Arbeit, dieses Skript...)
- Höre aktiv zu
- Gib *ihm* das Gefühl, Wichtiges gut getan zu haben

Verwende vor allem *deine* Phantasie. *Deine* Fragen, *dein* verbales wie non-verbales Verhalten dürfen jedoch nicht vorgetäuscht sein. Begreife die Wichtigkeit dieses Handelns unter dem Aspekt der Motivation. Es gilt, *deine* Überzeugung auf den Mitarbeiter zu transferieren. Den Blick auf die Uhr solltest *du dir* dabei sparen.

Das ist tatsächlich richtig, was du hier ausführst. *Ich* werde in Zukunft gerne darauf achten. Alleine schon deshalb, da es meiner Überzeugung entspricht. Aber liegt hierin nicht die große Gefahr, ein gestelltes Verhalten an den Tag zu legen?

Grundsätzlich gehört es zur Aufgabe einer Führungskraft, zu *führen*. Dieses *Führen* setzt orginär die Beherrschung entsprechender Verhaltensweisen voraus. Wenn ich diese notwendigen Verhaltensformen des Führens dennoch anspreche, so geschieht dies aus der Beobachtung, wie wenig in der Praxis im Detail darauf geachtet wird. Auch *du* sagtest sofort »Das ist tatsächlich richtig, was du hier ausführst«. Doch lege *dir* doch einmal die Frage selbst vor, ob *du* stets danach handelst.

Und doch sprichst *du* etwas sehr wichtiges an: ein gestelltes Verhalten und die Gefahren darin. Kurz gesagt: Die Führungskraft muß Führen durch Überzeugung und Transfer dieser Überzeugung.
Ein gestelltes Verhalten hierbei würde negativ wirken und wird in den meisten Fällen bewußt oder unbewußt durch den Empfang von Signalen erkannt, d.h. wir empfangen auf unserer emotionalen Ebene (Gefühlebene) ein Gefühl, welches wir als unangenehm empfinden und mit dem Geist übersetzen in: In Wirklichkeit interessiert die Führungskraft dies nicht!

Damit erkennst *du* doch am besten, wie wichtig das Fundament ist, über das wir heute bereits ausführlich sprachen.

Damit hast du *mir* einen Teil meiner Frage beantwortet. Doch welche Möglichkeiten gibt es noch, außer der Anwendung der Dialektik, der Wahrheit auf die Spur zu kommen?

3.11. Das Himmel-Hölle-Syndrom

Ich möchte *dir* diese Frage nicht nur durch die bloße Nennung von einigen Möglichkeiten zur Wahrheitsfindung beantworten, sondern gleichzeitig auf Grenzen und Gefahren hinweisen.

Grundsätzlich möchte ich zwei Hauptgruppen unterscheiden:

Gut und *Böse*

Unter guten Möglichkeiten verstehe ich all jene, wo durch den Aufbau eines Vertrauensverhältnisses und durch die Schaffung eines guten Zustandes im Gesprächspartner dieser sich in die Lage versetzt fühlt, zu einer gemeinsamen Lösung im Dialog zu gelangen. Dies geschieht im gegenseitigen Dialog durch Offenlegung des »Problems« und »Öffnung« der »Person«.
Letztendlich geht es für den Gesprächsführer darum, den Gesprächspartner in den Himmel zu führen. Abgesehen von therapeutischen und psychologischen Methoden, z.B. der Hypnose, ist hierfür als Grundmuster folgende Vorgehensweise zu empfehlen:

A. Unerledigte Geschäfte klären, z.B. um Störungen während des Gespräches zu vermeiden. Der Gesprächspartner soll frei für die »Problemlösung« werden.

B. Abklärung von Gesprächsbedingungen, d.h. Bedingungen oder Voraussetzungen, mit deren Erfüllung der Gesprächspartner ein gutes Gefühl verbindet:

   Wo: Ort, Raum
   Wann: Zeit
   Wie: gegenseitiges Verhalten.

Das gegenseitige Verhalten als Bedingung resp. als Zeichen zum Aufbau eines gegenseitigen Vertrauens (»Ich möchte jederzeit das Gespräch beenden können, wenn ich merke, daß es für mich unerträglich wird« – Anschlußfrage: »Was ist unangenehm für dich« ... etc.), welches nur die Gesprächspartner, aber nicht das »Problem« an sich betrifft.

C. Gesprächsführung:

- aktives Zuhören
- rhetorische wie dialektische Methoden

D. Erkennen guter und (beginnender) schlechter Zustände im Partner (Körpersignale). Unterbrechen schlechter Zustände.

Punkt D: ist von großer Bedeutung. Wenn wir als Gesprächsführer merken, daß unser Gesprächspartner beginnt, in einen schlechten Zustand zu verfallen,

sichtbar an: Körpersprache, Atmung, Muskelanspannung, dann gilt es, eine Unterbrechung herbeizuführen (simpel: Holen wir uns einen Kaffee...),

um den schlechten Zustand zu unterbrechen, um uns sowie dem Gesprächspartner *Zeit* für die Fortsetzung des Gespräches (in einem besseren, erholten Zustand) zu geben. »Ich bin der Meinung, daß Thema X einen wichtigen Punkt für die Problemlösung darstellt, könnten wir...«

Bewährt hat sich hier eine Methode (NLP), durch welche z.B. der Gesprächspartner dahingehend geführt wird, daß er sich des Zustandes, bei welchem eine Lösung des Problemes für ihn eintritt, bewußt wird, diesen offenlegt.

»Das Problem wäre dann für mich beseitigt, wenn...«

Der Gesprächspartner wird in den Himmel geführt, in einen Zustand, wo das »Problem« nicht mehr existent ist.

Somit erfährt und speichert der Gesprächsführer, welcher Zustand im Gesprächspartner eingetreten sein muß, wenn das Problem für ihn gelöst ist, *wo* es liegt – und auch *wie* resp. in welchen Schritten es gelöst werden kann.

Wie wäre *dein* Problem beseitigt ... oder was müßte eintreten, damit *du dich* wohlfühlst, in der Lage bist, *dein* Problem selbst zu lösen?

Letztlich geht es im Sinne einer für *dich* optimalen Lösung nicht darum, daß andere *deine* Probleme lösen. *Dir* selbst soll ein Potential zur Verfügung gestellt werden, welches *dir* ermöglicht, in Zukunft *deine* Probleme aus *dir* selbst heraus zu lösen.
Wäre es *dir* möglich, *dein* Problem in Form eines Wunsches, der auf die Erfüllung ausgerichtet ist, zu definieren?

Ja. Ich möchte ein sicheres Auftreten haben. Ich möchte überzeugen können. Ich möchte alle Situationen des Lebens beherrschen können.

Gut. Wann und wo wünscht *du dir*, z.B. ein sicheres Auftreten zu haben?

Im Beruf, in einer Verhandlungssituation.

Könntest *du dir* eine Situation vorstellen, in der *du* ein sicheres Auftreten hast?

Ja, in einer Konferenz, wo *mein* Konkurrent anwesend ist.

Wie würde sich das sichere Auftreten an *dir* zeigen, was wäre anders, gegenüber jetzt erfüllt?

Meine Sprache, meine Fähigkeit, optimal auf Situationen zu reagieren, meine Körperhaltung, schlichtweg *mein* Wohlbefinden in der Situation.

Was meinst *du* genau mit »optimal«? Kannst *du* mir dies räumlich, örtlich, zeitlich definieren?

Ja. In dem Moment, in dem mich mein Konkurrent vor

anderen in einer Besprechung verbal attackiert, möchte ich in der Lage sein,

A. meine Emotion zu beherrschen

B. durch Körperhaltung Sicherheit auszustrahlen

C. durch meine Sprache zu überzeugen.

Während *er* dies ausspricht, ist deutlich die Veränderung an *ihm* zu sehen. *Seine* Haltung wird aufrechter, sein Kopf sitzt gerade auf dem Nacken. *Seine* Atmung ist ruhig, *seine* Muskulatur wirkt entspannt. Sein Gesicht ist offen, sein Lächeln spiegelt einen Teil des Wohlbefindens – und der Erkenntnis wieder.

Danke, sagt der Freund. Ich möchte an dieser Stelle gerne dieses Beispiel unterbrechen. Bist *du* damit einverstanden?

Ja!

Du siehst, es geht um die Offenlegung *deiner* Wünsche. So muß als Bedingung hier z.B. abgeklärt sein, daß *du* bereit bist, zu wünschen. Durch die stetige Detaillierung *deines* Wunsches erfahren wir so im Dialog,

1. welche einzelnen Schritte wir gemeinsam unternehmen müssen (Detaillierung und Abgrenzung)
2. welchen Zustand *du* hast, wenn *dein* Problem gelöst ist,

und können *dich* so auf den guten Zustand hinführen. Dies ist allerdings nur dann möglich, wenn nirgends mehr in *dir* versteckte Restriktionen vorhanden sind.

Wenn ich *dir* dabei behilflich bin, so wollen wir dies einmal *Coaching* nennen. Ich muß also in der Lage sein, *dich* genau zu beobachten und stets analysieren zu können, z.B. wann *du* in einen schlechten Zustand verfällst, was die Ursache war, wenn *du* programmiert (NLP) reagiert hast.

An dieser Fähigkeit liegt es schlußendlich, ob ein Problem zur Gänze beseitigt werden kann – oder nicht. Und genau hierin liegt die Gefahr der *guten Methoden*.

Wie oft passiert es denn, daß eine Führungskraft in einem Mitarbeitergespräch nicht bemerkt, daß es da noch etwas gibt. Wird dies nicht erkannt, verläßt der Mitarbeiter, Verhandlungspartner oder Partner den Ort des Geschehens mit einem versteckten schlechten Zustand.

Das Ziel, z.B. in einem Mitarbeitergespräch ein Problem anzusprechen und im Sinne einer betrieblichen Lösung zu bereinigen, kann damit verfehlt sein.

Viel zu schnell ist man bereit, ein Problem als »bereinigt« anzusehen. Man sieht den Kontakt als »vergewissert«. Damit *dir* in Zukunft nicht ähnliches geschehen kann, zwei einfache Methoden oder Tips, dies herauszufinden:

1. Ein Ja, eine Bejahung auf eine von *dir* gestellte Frage muß so ausgesprochen sein, daß *du* annehmen kannst, daß der Sachverhalt wirklich verstanden ist. Erst dann kann und darf zu einem nächsten Schritt, oder zu einer weiteren Detaillierung des Problems übergegangen werden.
   Ein Jein, oder ein Verlegenheits-Ja, oder ein Ja, wo *du* erkennst, daß z.B. der Körper des Partners *nein* sagt, ist in jedem Fall von *dir* als *nein* zu betrachten. So können z.B. verschränkte Arme ein Zeichen von Distanz bedeuten. Wohl gemerkt: können! Aber dazu später.
   In diesem Falle des *nein* mußt *du* auf der Stufe verharren. Erst wenn *du dir* im weiteren Gespräch, in der Erläuterung oder Erklärung sicher bist, daß das Ja auch wirklich ein Ja ist, ist ein Fortschreiten sinnvoll und möglich.

2. Achte auf den gesamten Körper *deines* Gesprächspartner. Zeigt er Distanz, ist eventuell die Atmung sichtbar erhöht oder flach, wirkt der Körper angespannt, ist die

Stimme gepreßt, so sind Kriterien vorhanden, die (noch) auf einen schlechten Zustand im Gesprächspartner schließen lassen.

Erst der gute Zustand stellt jedoch die notwendige Verständnis-Plattform her.

So werde ich die Situation nicht vergessen, als ein Fachberater eines Unternehmens, wo ich selbst Führungskraft der Logistik war, einem praxisorientierten Mitarbeiter im Schnellkurs die Möglichkeiten neuer Methoden der EDV beibringen wollte – da er dessen fachliche Unterstützung für ein Projekt benötigte. Das Gespräch dauerte ca. 30 Minuten. Der Fachberater vergewisserte sich ständig durch Nachfragen, daß sein Gesprächspartner seinen Ausführungen auch folgen konnte. Er erhielt jedoch stets nur ein schwaches Ja, also ein Jein bis Nein als Antwort.

So bemerkte er nicht, daß Punkt 1 nicht erfüllt war.

Er achtete, einmal von seinem eigenen Thema gefangen, nicht auf den Körper, also die Körperphysiologie seines Gesprächspartners. Der Gesprächspartner wirkte nicht nur in der Haltung seiner Schultern (nach oben gezogen) und seiner Muskulatur verkrampft, er war es. Somit war auch Punkt 2 im Sinne eines guten Zustandes nicht erfüllt.

Die eigene Unmöglichkeit des Eingeständnisses, eigentlich nichts zu verstehen, ließ den Gesprächspartner stets stereotyp mit Ja antworten.

Später einzeln befragt, antworteten beide wie folgt:

EDV: Endlich habe ich Projekt-Unterstützung gefunden
Praxis: Ich habe überhaupt nichts verstanden.

Die Barriere im praxisorientierten Mitarbeiter war zugleich

die Grenze für das Verständnis im Gespräch. Die Barriere war emotionaler Natur. Scham über das Nichtverstehen, Angst vor dem Nachfragen waren die Ursachen. Somit war die Emotion die Grenze auf der einen Seite, das Nichtbeachten oder Erkennen der Emotion die Grenze auf der anderen Seite.

Inwieweit unter Zuhilfenahme der beiden dargestellten und sicher einfachen Methoden eine gemeinsame Verständnisplattform für beide Gesprächspartner zu erreichen gewesen wäre, wäre sicher in diesem konkreten Fall von der Fähigkeit des Gesprächsführers abhängig, emotional auf den Gesprächspartner einzugehen.

Zusammenfassend wollte ich *dir* durch dieses Beispiel verdeutlichen, daß in der Praxis die *guten Methoden* nur dann zu einem 100%igen Erfolg führen, wenn eine ausreichende Vertrauensbasis besteht oder geschaffen wird, die jedem Gesprächspartner die Möglichkeit zur vollkommenen Öffnung bietet.

Die Feststellung seitens des praxisorientierten Mitarbeiters zu Beginn des Gespräches resp. der Ausführungen: ›Ich verstehe dich noch nicht‹, wäre dann eine logische Konsequenz gewesen.

Umgekehrt läßt sich daraus schließen, daß *gute Methoden* dann nicht zu einer 100%igen Zielerreichung führen, wenn versteckte Emotionalität nicht erkannt oder im Sinne einer eigenen Öffnung für das Gespräch oder Problem nicht ausgesprochen werden.

Dies jedoch ist in der Praxis am häufigsten der Fall.

Ob dabei der Gesprächspartner dann von der Erde anstatt zum Himmel in die emotionale Hölle herabfährt, ist situativ bedingt und hängt z.B. in unserem konkreten Fall davon ab, inwieweit der praxisorientierte Mitarbeiter im weiteren das Projekt und damit ein gewünschtes Ergebnis mitzuverantworten hat.

Vom Umweg über die Hölle in den Himmel...

Nun stellt sich die Frage, inwieweit *böse Methoden* die Wahrheit an das Licht bringen. Ausgangspunkt für diese Thesen ist, daß wer in der Hölle schmort, nichts mehr zu verlieren hat.

Diese Technik(en), auf der Basis des Beherrschens der unfairen »Kommunikation« (wobei »Kommunikation« eigentlich durch Manipulation ersetzt werden müßte)...

- unfaire Dialektik
- Kampf-Rhetorik
- manipulative Körpersprache...

zum Zweck der absoluten Verunsicherung des Gesprächspartners, in diesem Fall meist des Gesprächs-Gegners, zielen darauf ab, die Emotion hervorbrechen zu lassen.
Dies geschieht unter der Annahme, daß damit zwangsläufig in der geschaffenen Streßsituation die Wahrheit hervorbricht. Ziel ist also, uns zu Narren zu machen, da Kinder und Narren bekanntlich die Wahrheit sprechen.

Doch meist geschieht nur folgendes, was gleichzeitig eine deutliche Warnung für all jene sein soll, die sich allein diesen Methoden verschrieben haben:

1. Anstelle der Wahrheiten werden fingierte Scheinwahrheiten oder bewußte Halbwahrheiten kommuniziert, frei nach dem Motto: Sage mir, was du hören willst, und ich sage es. Doch laß mich dann in Frieden.

2. Es wird im Gesprächspartner ein schlechter Zustand

aufgebaut. Um den Gesprächspartner aus diesem Zustand, also aus der Hölle, wieder herauszuführen, bedarf es gewaltiger Anstrengungen. Die Beherrschung aller *guten Methoden* ist hierfür unerläßliche Voraussetzung.

3. Scheitert die *böse Methode,* ist meist auch die gesamte Gesprächsbasis für weitere, aufbauende Gespräche zerstört.

Und Merke *dir* noch folgendes:

Ein Scheitern in der Kommunikation ist mehr als nur ein Scheitern in der Sprache. Es ist ein Scheitern in einem oder allen Bausteinen, aus denen die Kommunikation besteht.

Kommunikation

Gesagt bedeutet noch nicht gehört
gehört noch nicht verstanden
verstanden noch nicht einverstanden
einverstanden noch nicht behalten
behalten noch nicht angewandt und
angewandt noch nicht Verhaltensänderung

Konrad Lorenz

Auf jeder Stufe kann die Kommunikation und damit der Dialog, die Problemlösung scheitern. Damit stellt sich Kommunikation nicht nur alleine als Beherrschung der Sprache (Rhetorik) dar, sondern im Sinne des vernetzten Denkens als ein Zusammenfügen von einzelnen Bausteinen.

Wer erkennt, daß sein Haus, der Philosoph Heidegger bezeichnete die »Sprache als das Haus des Seins«, aus Fundament, Aufbau und Dach bestehen muß, der erkennt damit auch die Notwendigkeit, alle Bausteine für eine erfolgreiche Kommunikation zusammenfügen zu müssen. Geschieht dies nicht, ist das Scheitern der Kommunikation vorprogrammiert. Ich möchte *dir* dies gerne visualisieren:

...Das
setzt voraus...

Gesagt bedeutet noch nicht gehört
Sprache – Rhetorik (verbal)
Körpersprache (non-verbal)
aktives Zuhören

Gehört noch nicht verstanden
inhaltliches und emotionales Verstehen
Dialektik
Hermeneutik (Wissenschaft vom Verstehen)

Verstanden noch nicht einverstanden
Dialektik
Überzeugungskraft

Einverstanden noch nicht behalten
Überzeugungskraft
Merkfähigkeit

Behalten noch nicht angewandt und

Angewandt noch nicht Verhaltensänderung
Psychologie
Soziologie

4. Die Begegnung

Ich erreiche die Hütte meines Freundes Maslow. Der Weg führte *mich* durch die Straßen dieser grauen Stadt, mehr und mehr dem Stadtrand entgegen. Dort, wo die Stadt endet und der Wald zu Füßen des Berges beginnt, steht die Hütte von Maslow. Maslow war schon immer da, so sagen die Menschen in der Stadt. Leise, hinter vorgehaltener Hand, so als wenn niemand hören dürfte, welches Geheimnis dort weitergetragen wird.

Maslow lebt alleine. Alleine in seiner Welt der Bücher, der Wissenschaft und des Wissens. Nur zu gerne wäre *ich* einmal mit ihm durch die Straßen unserer Stadt gezogen. Hätte *mich* plaudernd mit ihm inmitten der Menschen niedergelassen, diese beobachtend, auf die Worte Maslows lauschend.

Doch Maslow will nicht – und kann nicht. Eine seltsame Krankheit zwingt ihn, in seiner Hütte auszuharren. Manchmal scheint es *mir*, als würde er auf etwas warten.

Ich klopfe an und betrete die Hütte. Das Licht von Kerzen empfängt mich und wirft durch den Luftzug der sich hinter mir schließenden Türe ein flackerndes Licht in den kleinen Raum, der Wohn- und Schlafstätte gleichsam ist. In der Mitte des Raumes steht ein runder Tisch. Hinter dem Tisch steht eine Regalwand voll alter Bücher, geordnet, aufeinandergestapelt in Form eines Dreieckes, einer Pyramide.

Maslow sitzt am Fenster, durch das er *mich* schon von weitem hat kommen sehen. Er lächelt *mich* an, und wir begrüßen uns, wie zwei Freunde, alt und jung.

»Ich habe morgen Geburtstag. Ich werde 18 Jahre alt. Dann kann ich tun und lassen, was ich will.«

G.V 91

»So, tust *du* dies dann wirklich – und was willst *du* tun?«

»*Ich* will ... ach, das kann *ich mir* morgen dann noch überlegen. *Ich* habe doch so viel Zeit.«

»Glaubst *du* das wirklich? Nun gut. Ich habe *dich* erwartet. Ich möchte *dir* schon heute mein Geschenk zu *deinem* Geburtstag überreichen. Ich möchte *dich* in mein Geheimnis einweihen.«

Spannung steigt in *mir* auf. Ich fühle die Erregtheit in *mir*. Das hätte *ich* nie erwartet. Was wird dieses Geheimnis sein, daß Maslow hütet wie einen Schatz. Ein Geheimnis, verborgen in ihm.

»*Du* bist unglücklich.«

»*Ich*? Nein. *Ich* hatte eine Auseinandersetzung mit *meinem* Vater. Aber laß uns von deinem Geheimnis sprechen. Wie viele Jahre mache *ich mir* nun schon Gedanken darüber. Komm! Erzähle, zeige es *mir*. *Ich* kann es kaum erwarten.«

Und wieder lächelt *mich* Maslow an, beginnt sich zu erheben. Wir setzen uns an seinen runden Tisch, und er blickt *mich* an. Er verharrt in dieser Stellung, als wenn er sich innerlich die Frage stellen würde: Bist *du* bereit?

4.1. Maslow

»Hast *du dir* schon einmal Gedanken gemacht über die Triebfedern in *dir*? Über *deine* Motivation? Durch was diese bedingt ist? Ich will es *dir* erklären.

Wir Menschen streben in der Abhängigkeit zu unseren Bedürfnissen auf ein Ziel zu. Der Verwirklichung unserer

Selbst, unseres Daseins. Dies darf man nun nicht als eine Strecke zwischen zwei Punkten betrachten, sondern als eine Treppe auf eine Pyramide, deren Spitze oder das Erreichen deren Spitze die Selbstverwirklichung des Daseins bedeutet.

Auf der untersten Stufe geht es für uns um die Erfüllung all jener Faktoren, die grundlegend für unser Dasein von geradezu existenzieller Bedeutung sind. Wir wollen als Beispiele für diese *Grundbedürfnisse* das Essen, Trinken, Luftholen und das Schlafen nennen.

Haben wir, wie früher durch die Jagd – und heute durch die Arbeit, also den Verdienst (oder das soziale Netz) – diese Stufe unserer Grundbedürfnisse befriedigt, so streben wir nach Höherem, nach der Erklimmung der zweiten Stufe.

Diese Stufe ist vom generellen *Sicherheits*denken des Menschen geprägt. Von seinen Bedürfnissen nach Schutz (z.B. Wohnung), Vorsorge (z.B. Rente, Versicherung), also nach einer Eliminierung oder wenigstens Minimierung der negativen Schutzbedürfnisse, z.B. der Angst.

Auf der nächsten Stufe wollen wir unsere inneren Bedürfnisse befriedigen, wollen uns nach dem Essen in unserer Wohnung wohl fühlen. Wir streben nach zwischenmenschlichem Kontakt, nach Liebe, Geborgenheit oder der Zugehörigkeit zu einer *sozialen* Gruppe (Familie, Gruppe, Partnerschaft).

Danach streben wir nach Anerkennung unserer Person, nach Erfolg, nach Anerkennung durch Statussymbole, schaffen uns Luxusgüter an. Wir wollen geachtet werden, kämpfen um das Prestige unserer Person. Wie *du* merkst, geht es hier sehr deutlich um den einzelnen Menschen selbst. So wird diese Stufe unserer Bedürfnispyramide auch mit den *Ich-Motiven* unseres Handelns umschrieben. Haben wir durch die Sicherstellung all dieser Bedürfnisse ein Fundament geschaffen, so streben wir nach der Verwirklichung unserer Idee, der Wahrheit in uns.

Ich nenne dies den Gipfel der Pyramide, die *Selbstverwirklichung*. Mag in meiner Schilderung auch der Weg linear beschrieben sein, d. h. die Verwirklichung resp. die Erfüllung einer Stufe bringt automatisch das Streben nach Erfüllung der nächsten Stufe mit sich, so gibt es dennoch Abweichungen, die jedoch letztlich ebenfalls dadurch gekennzeichnet sind, daß der Weg stets nach oben führt (führen soll).

So kann das Scheitern in einer Stufe oder gar das bewußte Negieren einer Stufe (z. B. der Erfüllung von Luxusgütern, Achtung, Prestige etc.) durch Selbstversagung der Bedürfnisse mittels der Selbstdisziplin sehr wohl auch einen Weg auf die Spitze der Pyramide darstellen.

Auch *du*, Sokratissimo, bist dieser Hierarchie der Bedürfnisse unterworfen. *Du* wirst morgen 18 Jahr alt. Auch *du* wirst nach der Erfüllung und Entfaltung aller in *dir* angelegten Fähigkeiten und Möglichkeiten streben. Wie sagtest *du:* ›*Ich* will ... ach, das kann *ich mir* morgen dann noch überlegen. *Ich* habe doch so viel Zeit!‹ Morgen!

Fühlst *du dich* wohl hier, in diesem grauen Tal des Daseins?«

»Nein, Maslow, aber was bleibt mir anderes zu tun, als das, was mir bestimmt ist. Außerdem tun es alle!«

»Wie sieht es hier aus mit der Entfaltung *deiner* Möglichkeiten?«

»Ich weiß, meine Möglichkeiten sind begrenzt. Aber mein Leben war stets angenehm.«

»Wenn *du* bei dieser Meinung bleiben willst, so scheint

diese dann gut genug für *dich*. Aber merke *dir*: Das Tal des Daseins und damit *dein* eigenes Leben wirst *du* mit dieser Haltung nie verändern können. Es wird alles so bleiben, wie es ist. Außer: Du verläßt das Tal!

Nach den Sternen zu greifen, wird *dir* sonst versagt bleiben, so wie der Erfolg *deiner* selbst ein Ziel am Horizont bleiben wird. Nur wenn *du* erkennst, daß die Fähigkeiten in *dir* selbst liegen und *du* diese nur aktivieren mußt, erst dann wirst *du* bereit sein, selbst aus *dir* heraus ein *mehr* für *dich* und *dein* Leben zu wollen.

Du hast recht, Sokratissimo. Es ist nie zu spät. Doch die Anstrengungen morgen oder übermorgen oder ... erst zu beginnen, werden größer sein müssen, um *dein* Ziel zu erreichen.«

»Aber ich will mich doch weiterbilden, will erfahren und lernen, für das Leben, für mein Leben.«

»Dann handle. Doch ich dulde keinen Aufschub.«

»Aber sage mir doch, warum soll ich denn gehen, was erwartet mich auf meinem Weg, doch vor allem: Was erreiche ich, was besitze ich, wenn ich wirklich auf dem Gipfel des Berges angekommen bin. Was habe ich mehr?«

»Du wirst die Fragen *deines* Lebens beantwortet sehen. *Du* wirst wissen, worauf es im Leben ankommt. *Du* wirst auf *deinem* Weg Erfahrungen machen, die *dich dein* weiteres Leben positiv begleiten werden. *Du* wirst den Schlüssel zum Erfolg und zur eigenen Zufriedenheit bei *dir* tragen, ihn in *dir* verspüren, als Macht- und Zufriedenheit *deiner* selbst.

Und letztlich wirst *du* den Sternen nahe sein, den Himmel sehen – wie die Landschaft dieser Welt, soweit der Horizont *deinen* Blick in die Weite schweifen läßt. *Du* wirst erkennen, daß in dem Hochgefühl, das *dich* dann beherrscht und welches *du* nie vergessen wirst, *du* dem Hochmut nahe bist.

Aber da *du* durch *deine* eigene Kraft und *deinen* Willen den Berg bezwungen und den Erfolg erarbeitet hast, wird an *dir* das Sprichwort, daß Hochmut vor dem Fall kommt, keine Gültigkeit besitzen. *Du* wirst den Mut in *dir* tragen, nach diesem Erfolg nicht auszuruhen, sondern voranzugehen – mit einem letzten Blick zurück, in Wehmut und nicht anklagend.
Doch willst *du* das Nichts, so bleibe hier und lasse *dein* Leben an *dir* vorüberziehen. Doch jammere nicht, nie mehr wieder.«

»Nein, *ich* würde den Weg doch gerne gehen wollen, ich möchte erleben und erfahren, wie es dort oben ist – und wie es auf dem Weg dazu sein wird. Hilf mir doch dabei, die Entscheidung zu finden.«

»Dann erkenne dich endlich. Ich möchte, daß du das Tal des Daseins verläßt, dich auf den Weg begibst, den Berg zu erklimmen.
Mein Geheimnis ist, daß ich den Weg weiß, wie du den Berg (zum Erfolg) bezwingen kannst.

Ich kann dir die wertvollste Ausrüstung mit auf deinen Weg geben. Dich selbst und deine Kraft. Und ich wünsche, daß du gehst.

Schon morgen!«

Ja gehe!, sagte *er* wie in Trance. *Er* wendet sich *seinem* Freund zu. *Sein* Gesicht wirkt erregt, angespannt, als hätte *er* den Traum nochmals bewußt erlebt, als wäre *er* Sokratissimo.

Dies war der Moment, als *ich* erwachte, durch die eigene

Stimme, als *ich* im Schlaf aufschrie: »Ja«, bevor *mich* der Traum wieder in seinen Bann zog – und *mich* wieder in die Hütte zog.

4.2. Die Hierarchie der Bedürfnisse

Was *du* erlebtest, war die Bedürfnispyramide des amerikanischen Psychologen Abraham H. Maslow. Ich habe dieser detaillierten Schilderung und Erklärung der Bedürfnishierarchie nur wenig hinzuzufügen.

Die Pyramide der Bedürfnisse – Maslow

Verwirklichung
deiner Selbst

Ich

Status, Prestige, Luxusgüter,
Anerkennung

Soziale Ziele

Familie, Geborgenheit, Liebe,
Kontakt, Gruppe, Zugehörigkeit

Sicherheit

Schutz, Vorsorge, Freiheit von der Angst

Grundbedürfnisse

Essen, Trinken, Schlafen, Luftholen – Existenz

Heute erfährt das 1954 von Maslow geprägte Schema zur Beurteilung von Motivationsverhalten der Menschen in der Betrachtung ihrer Auswirkung auf die Menschen in den Unternehmen und Industrien eine steigende Bedeutung.

Durch den stetigen Aufstieg vieler Menschen in der Bedürfnishierarchie verliert der Faktor Geld als Motivationskriterium weitgehend an Bedeutung. Die Grund-, Sicherheits-, Sozial- und weitgehend auch die Luxusbedürfnisse der Menschen sind erfüllt. Konsumstatistiken sprechen hier eine überaus deutliche Sprache.

Worum es geht, ist weitgehend die Befriedigung der *Ich*-Motive, also die berufliche Anerkennung, der berufliche Status, das Prestige. Da es unmöglich ist – schon alleine aufgrund des Kostendruckes in den Unternehmen –, detailliert auf die *Ich*-Motive der Mitarbeiter einzugehen (Der Kampf um den eigenen Computer etc. als Statussymbol), ist oftmals eine Frustration der Mitarbeiter eine logische Konsequenz.

Dieser Frustration kann nur durch geschicktes Führungsverhalten – und letztlich durch angewandte Methoden der Kommunikation begegnet werden. Die Führungskraft, die auf ihre Mitarbeiter kommunikativ eingeht, die ihre kommunikativen und emotionalen Erwartungen befriedigt, kehrt die Frustration der Mitarbeiter in Motivation um. Der Mitarbeiter erhält so einen Status, erfährt Achtung, erlebt das Gefühl, für das Unternehmen wichtig zu sein, erhält Anerkennung.

Motivation durch richtige Kommunikation

Auch *du* bist durch *deine* Konferenz, durch *dein* Scheitern und letztendlich durch *dein* Versagen aufgewacht. *Du* hast im Traum erkannt, daß es hier noch etwas gibt, was *du* als »ein Mehr« besitzen könntest. Merke *dir*: Was damit in *deinem* Leben für *dich* an Wert gewinnt, ist es auch wert, daß *du* danach strebst, daß *du deine* Ziele, *deine* Energien dafür aufwendest. Auch wenn *dein* Weg *dich* dabei auf einen Berg führt, den es erst zu bezwingen gilt.

Hier, in der Anstrengung *deiner* selbst, in der Überwindung des Angenehmen, in der Bereitschaft zur Selbstdisziplin, wirst *du* gewinnen, Erfolg haben.

Erst *dein* Scheitern hat *dir* bewußt, deutlich, spürbar am eigenen Körper die Grenze *deines* Daseins aufgezeigt. Eben *dein* Tal des Daseins.
Dazu hätte es nicht kommen müssen. Doch *du* hast *dich* dem Angenehmen verschrieben – und bist letztlich nur auf *deiner* eigenen Stufe der Unfähigkeit damit angelangt.

Kennst *du* das Peter-Prinzip?

Es besagt, daß man so lange in der Hierarchie aufsteigt, bis man die Stufe der eigenen Unfähigkeit erlangt hat. Und doch includiert dieses Prinzip nur die angenehmen Menschen. Es differenziert nicht die sachlichen Unmöglichkeiten resp. Unfähigkeiten zu den persönlichen Unfähigkeiten.

Und doch kann ein jeder Mensch dazulernen! Das sachliche, fachliche Erlernen ist einfach und bedarf nur der Anstrengung (Selbstdisziplin). Das persönliche Lernen beginnt mit der Annahme seiner selbst. Hier geht es nicht darum, das einmal Erlernte und Erfahrene zu den Akten zu legen – um Neues zu lernen. Es geht um die Bereitschaft, *das Alte anzunehmen und Neues hinzuzufügen.*

Die Erfahrungen der Vergangenheit sind die wichtigen Potentiale in uns, auf denen es aufzubauen gilt.

So kann sehr wohl durch Anstrengung die Grenze der eigenen Unfähigkeit überschritten werden, so wie Sokratissimo das Tal des Daseins zu verlassen fähig sein wird.
Auf dem Weg zum Glück und zum Erfolg gilt es zu erkennen, daß man beides nur durch sich selbst finden kann. Bernhard Benson (Der Weg ins Glück, 1989) sieht die Voraussetzungen dafür in *Neugier, Offenheit* und der *Bereitschaft zu staunen.*

B. Benson beschreibt in einem Buch märchenhaften Charakters ebenfalls (unbewußt) einen Teil des Tal des Daseins: das *Selbstmitleid* des Menschen, welches doch letztendlich wieder ein angenehmes Gefühl ist, fungiert es doch als Grenze zwischen dem Angenehmen und der echten Selbstdisziplin. Selbstmitleid gibt dem Menschen die Ausrede, doch zu leiden, zu leiden im eigenen Mitleid – und doch nur in der Bestätigung der eigenen Unmöglichkeit.

B. Benson beschreibt das Selbstmitleid in Form einer Schilderung:

»... er nimmt am Fuße seiner Leiter Platz und bedauert sich. Er schaut in den Spiegel, den er selbst mitgebracht hat, damit er auch sehen kann, wen er bedauert. Und der im Spiegel schaut traurig zurück. Und so sitzen sie beide da und bedauern einander. Warum steigt er nicht einfach auf die Leiter und pflückt auch Äpfel? Würde er erst einmal damit beginnen, würde ihn das viel zu sehr in Anspruch nehmen. Er aber braucht seine Energie und seine Zeit, sich selbst zu bedauern ... und so selten ist dies gar nicht. Man begegnet im Laufe des Lebens vielen Leuten, die das tun ... sobald sie irgendein Problem haben ... oder vielleicht nur glauben, es zu haben, denn beides ist mehr oder weniger das gleiche ... dann verbrauchen sie ihre Energie darauf, in der Lage zu verharren, statt dazu, sich aus ihr zu befreien ...«

Du siehst, auch dies ist ein Tal des Daseins, und nur der Wunsch und die Bereitschaft zur Erfahrung des Mehr im Leben ist dann die Motivation, sich auf den Weg zu machen. Doch erzähle weiter, es ist sehr spannend.

5. Der Aufbruch

5.1. Interaktionshemmnisse

Ich, d.h. Sokratissimo, aber da dieser Traum *Mein Leben* zu sein scheint, doch *ich* als Sokratissimo, war erstaunt und aufmerksam Maslow gegenübergesessen und hatte mit Spannung seinen Worten gelauscht. Jetzt, da er fordert, daß *ich mich* sofort, also morgen schon, auf einen Weg begeben soll, der *mir* heute noch fremd ist, befällt *mich* Angst. Die Angst der Ungewißheit und die Angst zu versagen.

»Warum *ich*?«

»Ein Jeder sollte diesen Weg gehen. Ich würde ihn gerne gehen, mich der Herausfordrung stellen, doch ich selbst kann durch meine Krankheit nicht. Aber bevor wir daran gehen, *deinen* Weg zu planen, muß ich *dich* auf etwas sehr wichtiges aufmerksam machen:

Wer immer auch vor *dir* diesen Weg einschlug, sei es durch den inneren Drang, für sich selbst das Neue und das Mehr zu erforschen, oder sei es auf der Suche nach einer weiteren Erfüllung seiner eigenen Bedürfnisse, *keiner* kam je zurück, mit einer Ausnahme: Ich bin der einzige, der den Weg vor vielen langen Jahren einschlug und zurückkehrte – kurz vor dem Gipfel zwang mich der Beginn genau der Krankheit, die mich heute hindert, den Berg ganz zu erklimmen, zur Umkehr. Da ich nicht auf einer unerfüllten Stufe des Berges stehenbleiben wollte, ging ich ganz zurück – zog mich aber hierher, in die Einsamkeit meines eigenen Daseins am Fuße des Berges, zurück. So bin ich in der Lage, mit *dir* den Weg zu planen, *deine* Vorbereitung zu gestalten, *dir* das Rüstzeug für den Berg und seine Besteigung mitzugeben.«

Darf ich *dich* in der Schilderung unterbrechen?

Gerne.

Ich möchte mich an dieser Stelle nicht unkommentiert der Meinung *deines* Freundes Maslow im Traum anschließen. Ein Weg zurück ist als Gedanke immer möglich! Und doch stellt sich die Frage, ob jemand, der sich zur Erfüllung seiner Bedürfnisse aufmacht, einen neuen Pfad zu beschreiten, und der dabei scheitert, versagt, wieder genau an den Punkt zurückkehren kann, der damals den Beginn der Reise darstellte.

Wir können nicht so tun, als ob wir all jenes, was wir bei dieser Reise erfahren und erlernt haben, danach vergessen. Wir werden das Erfahrene stets in uns tragen – und sei es als Motivation für später, den Weg aufs neue zu suchen und zu begehen.

Doch wichtiger ist, daß wir das Alte, das doch unser Leben ist, nicht vergessen, wenn wir Neues erfahren. Wenn also das Alte das Tal des Daseins ist, so haben wir hier einen Teil unseres Lebens verbracht, unsere Erfahrungen erlebt, die eine Basis für unser heutiges Handeln und Denken darstellen. Auf diese Basis können wir immer zurückkehren. Mehr noch, wir müssen diese Basis als einen Teil unserer selbst für uns annehmen, da sie einen wertvollen Teil unseres Lebens darstellt.

Wir sprechen über Kommunikation! *Du* hast bereits viel Grundlegendes erfahren. Und *du* wirst im Laufe dieser Geschichte noch mehr erfahren, begreifen, erlernen – und behalten. Es wird jedoch die *Anwendung* erst sein – und nicht schon das *Behalten* –, was *dich* selbstbewußter machen wird, *dir* zu sicherem und selbstbewußtem Auftreten verhelfen wird – *dir* damit neue Grenzen eröffnet, neue Möglichkeiten *deiner* selbst aufzeigt.

Der Erfolg ist *dir* aber nur dann zur Gänze gewiß, wenn *du* das Alte, das bisher Erfahrene, als für *dich* positiv annimmst. Wer sich weiterbildet, ohne das »weiter« zu begreifen, sich also von seinen Erfahrungen trennt, der verliert die Basis und damit den Boden unter den Beinen. Dieser erreicht das *Behalten*, aber niemals die *Anwendung* und scheitert letztendlich in der Umsetzung, da seine Techniken eben nur Techniken bleiben werden, er die Basis als Mensch jedoch nicht besitzt – und damit durchschaubar wird. »Der reproduziert nur Erlerntes, lebt es aber nicht«, ist dann die Erkenntnis *deines* Umfeldes – und bestimmt *dein* Maß an Glaubwürdigkeit.

So stelle ich in meinen Seminaren das Erleben und Erfahren in den Vordergrund, ohne die Basis, nämlich den Menschen an sich, zu vergessen. Das Ergebnis ist damit stets ein echter *Mehrwert* für jeden einzelnen.

Wenn Maslow also sagt: »...niemand kehrte zurück«, so möchte er dies als das Wissen sich selbst gegenüber verstanden sehen, daß ein Mehr immer ein Mehr bedeuten wird, indem der Wanderer seinem Wissen über sein Tal des Daseins dann die weiteren Erfahrungen der Reise hinzufügt. Maslow konnte zurückkehren, da er das Erfahrene bereits vorher in sich trug, und da sein Bedürfnis mehr der Neugierde als der Bedürfnisbefriedigung seiner selbst diente.

Er wirkt sehr nachdenklich, während der Worte *seines* Freundes.
Warum gehst du hier in deiner Schilderung so bewußt in die Tiefe? Geht es denn nicht darum, daß man allein Techniken der Rhetorik, Dialektik etc. lernt, um diese anzuwenden. Und darum, daß über die stete Anwendung schon, wir wollen diese einmal »die Lockerheit der Anwendung« nennen, kommt?

Nicht ganz! Viele Teilnehmer in Kommunikationsseminaren erwarten durch das Seminar oftmals nicht nur die Kenntnisse über Techniken und Methoden, sondern erwarten in sich die Beantwortung ihrer Fragen:

- Wie kann ich meine Interaktionshemmnisse abbauen?
- Wie besiege ich mein Lampenfieber?
- Wie gewinne ich an Selbstbewußtsein und Selbstsicherheit?
- Wie erhalte ich die Fähigkeit zu motivieren?
- Wie gewinne ich an Überzeugungskraft?
- Wie erreiche ich Verbesserungen meiner
  - persönlichen Fähigkeiten und Erfolge sowie
  - meiner sozialen Möglichkeiten und der
  - beruflichen Erfolgschancen?

Liegt die Ursache für *Kommunikationshemmnisse* jedoch nicht im rein sachlichen Bereich, also dem Bereich des simplen Nicht-Beherrschens von Kommunikationstechniken und -methoden, sondern im privaten, also im emotionalen Bereich des Menschen, so mußt *du* mir doch beipflichten, daß damit über die reine Übung der Techniken noch keine Verbesserung des Auftretens erreicht ist.

Du hast recht! Dies bedeutet also für den, der lediglich seinem schon bestehenden Fundament fehlende Techniken hinzufügt, schon den Erfolg, während derjenige, dessen Hemmnisse in seinem eigenen emotionalen Bereich liegen, erst eine Basis für sich selbst erreichen muß, damit die Techniken und Methoden über die dann geschaffene Möglichkeit zum Erfahren und Erlernen zum Erfolg der Person führen können.

Richtig! Und doch ist das Wissen über alle Bausteine der Kommunikation, das eigene Leben und die eigenen bisherigen Motivationsfaktoren eingeschlossen, für beide wichtig. Deshalb erzähle ich *dir* dies so ausführlich. Unerläßlich sogar, da unsere besprochene Kommunikation immer zwischen Menschen stattfinden soll. So ist es für eine

Führungskraft, die in der Kommunikation zu einem Mitarbeiter berufliche oder persönliche Probleme lösen soll, wichtig, den emotionalen Hintergrund des Mitarbeiters als möglichen Hemmnisfaktor zu begreifen – und darauf einzugehen.

Dann stellt sich nicht die Frage:

Können Sie nicht besser argumentieren?

sondern:

Fühlen Sie sich vor der Gruppe unwohl, unsicher?

Es kann nicht immer angenommen werden, daß durch reines Erlernen der Techniken und ihre stete Anwendung im Sinne der Übung sich die originären Interaktionshemmnisse von selbst, also automatisch abbauen.

Schlußendlich entsteht *dein* Bild in einem Verhandlungspartner nicht nur durch *deine* Sprache (verbal wie nonverbal), sondern durch *dich* gesamt als Mensch.

5.2. Der erste Eindruck

Ich möchte *dir* dies gerne in der Darstellung von Kommunikationsebenen erläutern:

1. Ebene der sichtbaren Informationen

2. Ebene der unsichtbaren Informationen

Gehen wir dabei einmal von dem Beispiel aus, daß sich zwei Verhandlungspartner zum ersten Mal sehen (mit Berücksichtigung des vorhergehenden telefonischen Kontaktes).

Die Stimme des Gesprächspartners war eine ›sichtbare‹, also eine *bewußt* wahrnehmbare Information im Sinne unseres Gehöres. Sie gibt uns vermeintliche erste Informationen, dabei im Inhalt des Gespräches sachliche Informationen, parallel hierzu jedoch weitere Informationen auf der Ebene der Emotion. So unterscheiden wir zwei weitere Ebenen der Kommunikation.

3. Ebene der sachlichen Beziehung

4. Ebene der emotionalen Beziehung

»Der spricht ja wie Onkel Willi«, kann nun bereits positiv oder negativ im Sinne des ersten Eindruckes sein, je nachdem, in welcher emotionalen Beziehung man zu Onkel Willi steht.

Hier sprechen wir von einer *Kategorisierung*. Wir neigen dazu, stets eine Aufnahme (Bild, Ton etc.) machen zu müssen. Dieses Bild / dieser Ton ist geprägt von sichtbaren/hörbaren Informationen, die sowohl unsere Sachebene als auch unsere Gefühlsebene ansprechen, sowie von unsichtbaren Informationen, z.B. der Wirkung der Körperhaltung resp. der Auswirkung von non-verbalen Signalen und Reizen, die meist nur die Ebene der Gefühle und der Emotion betreffen.

Mag also ein guter Anzug oder ein hübsches Kleid zuerst eine sichtbare Information darstellen, so kann die Farbe der Kleidung ein unsichtbares Signal darstellen, das die Ebene der Emotion anspricht, z.B. im Sinne von Gefallen und Mißfallen.
Zur Bildung einer Kategorisierung werden alle sachlichen, sichtbaren und unsichtbaren sowie alle emotionalen Informationen als erste Eindrücke verdichtet und schematisch eingeordnet. Folgender Ablauf soll *dir* dies verdeutlichen:

a) Zuerst herrscht Unklarheit über den Gesprächspartner. Aus dieser Unklarheit kann zunächst Unsicherheit entstehen über

- den Mensch an sich
- die Erfüllung der kommunikativen Erwartung
- eine angstfreie Kommunikation – Kontaktvergewisserung

b) Einordnen von Reizen und Signalen, sichtbar (z.B. die Information über das Alter) sowie unsichtbar (Farbe, Größe etc.), in ein sachliches und ein emotionales Schema:

- sachlich als: Speicherung der Eindrücke
- emotional als: Bewertung der Eindrücke

...er ist wie (Vergleich)
...ich fühle, daß ... (eigene Emotion)
...ich fühle mich heute ... (eventuelles Vorerlebnis)

c) Verdichtung und Einordnung der Eindrücke in ein Schema

d) Kategorisierung in Sympathie und Antipathie

e) Aufbau einer Beziehungsebene zur Sachebene. Innere Bewertung der Beziehungsebene als positive oder negative Emotion.

Zumeist wird heute in unseren Betrieben und Unternehmen nur die Sachebene angesprochen, ohne daß dabei bemerkt wird, daß unsere ausgesandten Signale ebenfalls die Emotionsebene resp. die emotionale Beziehungsebene ansprechen. Wenn wir uns vor Augen halten, daß ca.

90 % unserer Entscheidungen

auf der

emotionalen Ebene der Beziehung

fallen, so wird dadurch deutlich, wie wichtig z.B. das Erkennen von Interaktionshemmnissen in uns selbst und beim Gesprächspartner ist, da hier unsichtbar die Beziehungsebene angesprochen ist.

Übertreibst du hier nicht in der Beurteilung der Motivfaktoren für eine Entscheidung, indem du eine 90 %ige Zuordnung für die Ebene der Emotion unterstellst?

Nein. Mache *dir* selbst dies dadurch klar, indem *du* eine kurze Reise in die Vergangenheit *deiner* eigenen Entscheidungen unternimmst. Welche Variante war die bessere: Firma Primär oder Firma Sekundär? Doch wurde hier wirklich nach sachlichen Gesichtspunkten entschieden? Nein!

So wird z.B. gerne 1 % Versicherungssumme mehr bezahlt für die Versicherung X, wo doch der sympathische Außendienstmitarbeiter für uns tätig ist, als daß die Entscheidung für die billigere Alternative(n) und damit für den vielleicht unsympathischen oder den weniger symphatischen oder gar normalen Versicherungsagenten Y fällt.

Bevor ich *dich* nun gerne bitten möchte, in *deiner* Erzählung fortzufahren, möchte ich *dir* die wesentlichsten Inhalte hierzu skizzieren, gleichsam mit einer Auflistung von Atem- und Entspannungstechniken, die *dir* später helfen werden, das Ergebnis *deines* ersten Eindruckes selbst zu bestimmen.

Der erste Eindruck

...ist oftmals der Entscheidenste (Kategorisierung, 90% ...)

Einige Tips und Tricks...

- Achte auf *deine* äußere Erscheinung
  - Kleidung, Frisur
  - Mimik, Gestik, Körpersprache
- Strahle Ruhe und Sicherheit aus
  - Positive Geisteshaltung
  - Atemtechniken
  - Entspannungstechniken
- Checke *dich*, bevor *du* zum Rednerpult oder vor das Flip-Chart gehst, nicht erst davor oder auf dem Weg dorthin, denn: *du* weißt ja, daß *du* nun dran bist!
  - Knöpfe zumachen
  - Hose z.B. hochziehen
  - Krawatte richten

  und natürlich auch Unterlagen schon bereithalten, nicht erst zu suchen beginnen, wenn es eigentlich schon zu spät ist.
- Gehe nicht überhastet und stolpernd (außer es ist gewollt!) an das Rednerpult, sondern langsam, aber zielsicher mit einem freundlichen Lächeln – aber: nicht übertreiben!

  Zusätzlich:
  - Überprüfe vorher die technischen Hilfsmittel

  und
  - denke nochmals an die Motivation in *dir* selbst

    »Was der menschliche Geist erfassen und glauben kann, das kann der Mensch auch erreichen – und *du* willst.

Atem- und Entspannungstechniken

... Wir brauchen Luft im Hals und keinen Knödel im roten Ballon

- Atmungsarten
  - Brustatmung
  - Bauch- und Zwerchfellatmung
  - Tiefvollatmung (als Kombination)

Wir brauchen Luft zum Reden!!
– zu flaches Atmen bewirkt hektisches Sprechen

Denn: Wir sprechen beim Ausatmen

Also: Hole tief Luft

Techniken

– Kombinierte Bauch-/Zwerchfell-/Brustatmung

- Atme vor *deinem* Vortrag tief durch die Nase ein, beginnend mit der Bauch- und Zwerchfellatmung über die Brustatmung, bis *du* meinst, *du* hättest keinen Platz mehr in *dir* selbst.
- Halte die Luft kurz an.
- Atme ruhig durch die Nase wieder aus.
- Wiederhole den Vorgang ca. fünf bis zehn Minuten
  Vorsicht: Atme nicht zu toll, denn dann kann es zu Schwindelgefühl oder Herzklopfen kommen.
- Gehe ausatmend zum Rednerpult. Es ist wichtig, hier nicht bewußt ein-, sondern auszuatmen, sonst hast *du* noch zuviel alte Luft in *dir* – und *du* wirkst gepreßt, atemlos und hektisch.

- Progressive Muskelentspannung

Techniken

- 1. Anspannen

  Spanne langsam und bewußt *deine* Hand (Rechtshänder rechts und Linkshänder links) an.

  Versuche bei diesem Vorgang in die beobachtende Rolle zu kommen, d.h. beachte wie von »außen« den Übergang vom Ruhezustand in den Zustand einer immer stärker werdenden Spannung *deiner* Hand.

  Spanne *deine* Hand so lange an, bis sie zittert

- 2. Halten der Spannung

  Halte ca. fünf Sekunden den höchsten Spannungszustand

- 3. Entspannen

  Löse nun spontan *deine* Hand und gehe dabei abrupt von einem gespannten in einen entspannten Zustand.

  Versuche *dein* Gefühl dabei bewußt wahrzunehmen

  Gehe in *dich* und erlebe dieses Gefühl der Befreiung

  Denke an den Zusammenhang zwischen Geist und Körper.

5.3. Die Planung der Vorbereitung

Bis morgen war nicht mehr viel Zeit. Maslow hatte mich überzeugt, indem er in sprühenden Worten, einmal laut und dann wieder leise sprechend, fast eindringlich, dabei langsamer in der Sprache, dann wieder schneller, seine Überzeugung auf mich transferiert hatte. Dabei war er, soweit es seine Krankheit zuließ, immer wieder aufgestanden, auf mich zugekommen. Seine Worte waren durch die Bewegungen seines Körpers unterstrichen, seine Mimik, seine Gesten wirkten auf mich.

Er hatte recht. Schon zu lange besaß ich dieses Gefühl in mir, mehr erfahren zu wollen. Nachdem ich mich vergewissert hatte, daß ein späterer Besuch im Tal des Daseins möglich ist, war mir auch die größte Angst genommen.

Wir planten gemeinsam auf der Basis seiner Erfahrungen die Reise auf den Berg.

Maslow hatte dazu verschiedene Papiere auf dem runden Tisch ausgebreitet, die wir als Arbeitsmittel verwendeten. Wir versuchten gemeinsam, uns mögliche Situationen vorzustellen:

- Welchen Menschen könnte ich begegnen?
- Kenne ich vielleicht jemanden von früher?
- Welche Ausrüstung benötige ich?
- Was wird von mir erwartet?

Wir stellten die Ausrüstung anhand dieser Fragen zusammen, überprüften diese auf ihre Vollständigkeit und Verwendbarkeit. Dann begaben wir uns für ein letztes Gespräch an den runden Tisch.

Meinst *du*, daß dies alle Punkte sind, die *du* im Rahmen der Vorbereitung auf eine Verhandlung oder für eine Präsentation *deiner* Arbeit in der Realität zu berücksichtigen hast?

Nein! *Ich* vermisse, da wir über den ersten Eindruck gesprochen haben, die Planung des äußeren Erscheinungsbildes. Für eine Verhandlung muß ich gleichzeitig Ort und Zeit planen und vorbereiten.

Ja. Aber ich möchte noch mit einem viel früher gelegenen Punkt beginnen: mit der Vorbereitung der Vorbereitung:

1. Planung der Vorbereitung

- Was ist das Ziel der Durchführung (Ziel)?
- Auf was bereite ich mich vor (Thema)?
- Wieviel Zeit wird die Vorbereitung benötigen (Zeitraum)?
- Wann bereite ich mich vor (Zeitpunkt = Datum, Uhrzeit)?
- Wo bereite ich mich vor (Ort)?
- Welche Hilfsmittel benötige ich (Material)?

Was nützt die beste Vorbereitung, wenn diese unvorhergesehen so viel Zeit in Anspruch nimmt, daß ihr Abschluß den Beginn der Durchführung zum Verschieben bringt – oder den Erfolg der Durchführung gar in Frage stellt (z.B. zu späte und damit wenig intensive Vorbereitung auf eine Prüfung).

2. Durchführung der Vorbereitung

- Wiederholung: gewünschtes Ziel der Durchführung, d.h. welcher Zustand soll danach eintreten?
- Mit welchen Menschen komme ich in Kontakt?
  – Wie viele?
  – Alter/Geschlecht/Merkmale?
  – Kenne ich die Personen (teilweise/ganz)?
- Was wird von mir erwartet?

Dieser Punkt sollte stets von *dir* sehr sorgfältig untersucht werden. Als Faustregel gilt bezüglich der Erwartung und der Erfüllung der Erwartung folgendes:

Erwartungen

Erwartungen spielen eine wichtige, oftmals unterschätzte Rolle in der Kommunikation.

Wenn ich:

> die Erwartungen des(r) Kommunikationspartner(s) nicht kenne,

oder

> die Erwartungen des(r) Kommunikationspartner(s) nicht erfrage

und

> die Erwartungen nicht mit meinen eigenen Erwartungen oder meiner Zielvorstellung in Beziehung setze und vergleiche auf:
>
> – Übereinstimmung
> – Gegensätzlichkeit
> – teilweiser Unterschiedlichkeit

...sowie

letztlich nicht versuche, die Erwartungen resp. die Zielvorstellungen des Kommunikationspartners zu befriedigen,

dann

werde ich nie an mein Ziel gelangen, nie meine Vorstellungen und Erwartungen befriedigen können.

...weitere Punkte: Durchführung der Vorbereitung

- Welche Unterlagen und Hilfsmittel benötige ich

  – Überprüfung des Vorhandenseins und...
  – der rechtzeitigen Beschaffungsmöglichkeit sowie...
  – der Funktionsfähigkeit

  Nichts ist peinlicher als ein Diaprojektor ohne Lampe!

- Wie plane ich mein äußeres Erscheinungsbild. Wie möchte ich wirken?

- Gab es bereits eine ähnliche Situation? Kann ich mir die gegebene Situation vorstellen? Kann ich diese Situation vielleicht vorher üben?

- Wie ist meine Motivation?

- Wie plaziere ich meine Argumente?

- Wie plane ich mein rechtzeitiges Erscheinen?

Wichtig ist, daß es *dir* im Vorfeld, also zum Zeitpunkt der Vorbereitung, gelingt, *dich* auf die kommende Situation sowie alle Möglichkeiten, welche im Einzelfall die »Situation« stören könnten, einzustellen.

Der Leiter eines Unternehmens der Pharmazie sagte einmal in einem Gespräch über die Wichtigkeit der Vorbereitung in der Praxis zu mir:

Ein Außendienstmitarbeiter ist nur dann ein guter Außendienstmitarbeiter, wenn er zu jeder Minute genau weiß, wo sein Kunde ist und was er gerade macht ... und wenn er danach notwendige Handlungsmaximen ausrichtet.

Ich ergänzte mit den Worten: Nichts ist peinlicher, als den Kunden am Geburtstag zu besuchen, ohne davon in Kenntnis zu sein.

5.4. Die Stufen der Argumente

Als einen Punkt der Vorbereitung nannte ich *dir* den Aufbau der Argumente. Stelle *dir* vor, *du* hättest sechs Argumente gehabt, welche *du* gegen *deinen* Kontrahenten resp. die Ausführungen *deines* Konkurrenten hättest verwenden wollen. Wie hättest *du* diese geordnet?

Das wichtigste Argument zuerst (Falsch!!!!!). Damit erziele ich die größte Aufmerksamkeit und gewinne schnell an verlorenem Boden.

Gut. Ich werde *dir* jetzt einen Satz sagen. Bitte wiederhole mir diesen exakt:

Ein Auto ist in der Regel rascher (leise gesprochen) als ein Fahrrad. Daher ist das Auto auch schneller (laut und betont) am Ziel als das Fahrrad.

Also: Ein Auto ist in der Regel schneller als ein Fahrrad. Daher ist das Auto auch schneller am Ziel als das Fahrrad.

Danke! Dieses kleine Experiment kannst *du* getrost mit all *deinen* Bekannten, Arbeitskollegen und Verwandten wiederholen. In den wenigsten Fällen kann jemand diesen Satz wörtlich exakt wiederholen, wird also »schneller« anstelle »rascher« verwenden.

Diese Erkenntnis, daß man in der Regel geneigt ist, das zuletzt Gesagte am besten zu behalten, kannst *du dir* für den Aufbau von Argumenten zunutze machen. Gleichzeitig setzt *du dich* damit nicht der Gefahr aus, daß *dein* bestes Argument schon zu Beginn vom Kontrahenten »angegriffen« wird.

Setze also *dein* bestes Argument an die letzte Stelle. Somit erhöhst *du* die Glaubwürdigkeit *deiner* schwächeren Argumente von vorher. Beginne jedoch nicht mit dem schwächsten Argument (da *dein* Kontrahent sofort darauf »einhacken« würde), sondern mit *deinem* zweitstärksten. Merke *dir* also für die Stufen *deiner* Argumente folgendes Schema:

2 3 4 5 6 I

5.5. Die Planung der Durchführung ... und die Durchführung

Und doch gilt es nicht nur, die Vorbereitung zu planen, sondern gleichsam auch die Durchführung.

- Wiederholung des Zieles der Durchführung.

- Welche Atmosphäre schaffe ich (Ort, Zeit, Raum)?

- Wie eröffne ich das Gespräch?

  Falsch: ...und nun zum Produkt
  Schlimm: ...und nun zum Preis

  Beginne mit einem Lächeln ... oder mit einem netten Kompliment

- Was sind die Bedürfnisse des Kunden/Gesprächspartners ... und wie erreiche ich, diese zu erfragen!

- Muß das Gespräch wirklich heute ein Ende haben? Lege *dir* Alternativtermine zum Vorschlag bereit.

- Welche ›Bomben‹-Formulierungen sollte man bei diesem Kunden vermeiden (z.B. Frage an einen Gegner des deutschen Fußballfiebers: Haben *sie* gestern das ›Match‹ gesehen?)?

- Natürliches (Schweiß) oder »falsches« (XY) Deodorant?

Rauchst *du* noch?

Nein, seit vier Jahren nicht mehr.

Das finde ich sehr gut. Denn gerade Raucher(innen) begehen oftmals einen Fehler schon *zu Beginn* der Durchführung ... und *während der Durchführung*. Dies vor allem dann, wenn es um die Kommunikation zum Zwecke des Überzeugungstransfer, also im Rahmen einer Verhandlung oder eines Verkaufsgespräches, geht.

...zu Beginn

wenn sie noch auf der Fahrt zum Kunden (oder kurz vor dem Betreten eines Sitzungszimmers) für den notwendigen Nikotinspiegel sorgen – bei oftmals geschlossenem Fenster setzt sich der Rauch in der Kleidung fest, um dann als Gastgeschenk serviert zu werden.

...während der Durchführung

wenn sie höflich fragen, ob sie rauchen dürften (und dabei die Wohnung oder das Büro des Kunden entweihen) oder ... wenn sie einem scheinbar deutlichen Signal des Kunden folgen.

Als Argument für das Rauchen wird oftmals angegeben, daß dieses in entscheidenden Situationen das Lampenfieber senken kann. Tatsache ist jedoch, und dies haben Testverfahren in Zusammenhang mit Nikotin und Schwangerschaft deutlich bewiesen, daß bereits vier feste Züge an einer Zigarette genügen, die Blutzirkulation resp. die Durchblutung zu beeinträchtigen.

Tips für Raucher

- Schluß mit den hastigen Zügen vorher – und mit dem »Kettenrauchen«.

  Rauche kurz vorher (höchstens) drei Züge, aber nicht mehr. Denke an den Mundgeruch.

  Rauche nicht auf der Fahrt im Auto – sonst »stinkt« die Kleidung gräßlich.

... und Nichtraucher

- Vertraue auf *deine* intensive Vorbereitung – *du* hast *dich* doch vorbereitet – oder?
- Plane *deine* Fahrt stets großzügig, vermeide Streß bei der Fahrt, fahre gelassen. Höre Musik – und mache *dir* nicht den Kopf wirr.
- Kein starres Konzept! Schaffe *dir* einen Rahmen und reagiere situationsadäquat.
- Überlege *dir* den ersten Satz (s. Vorbereitung). Rede und (ver-)handle danach flexibel im Rahmen *deines* Grobkonzeptes.
- Und ... lächle, denn Lächeln ist die charmanteste Art, die Zähne zu zeigen.

Also! Wenn schon Rauchen, dann:

1. Nicht während der Autofahrt zum Kunden
2. Höchstens drei Züge, aber nicht direkt vor der Tür des Kunden
3. Nicht während der Verhandlung, auch wenn der Verhandlungspartner selbst raucht.

5.6. Nachbearbeitung als Stiefkind

Meine Ausführungen über Vorbereitung und Durchführung möchte ich aber nicht mit dem Ende der Durchführung abschließen. Dies wäre doch so, als ob ich mit dem Ende des Gespräches auch das Ende der Geschäftsbeziehung verbinden würde.

Und doch bestätigt die Praxis, daß für viele Außendienstmitarbeiter, Verkäufer, Vertreter wie Verhandlungspartner mit dem Ende der Durchführung auch der kommunikative Teil beendet ist. Die Nachbereitung als lästiges Anhängsel an einen doch erfolgreich getätigten Abschluß ist das Stiefkind der drei Gesprächsphasen:

Vorbereitung

Durchführung

Nachbereitung

Ich möchte *dir* dies anhand eines Beispieles erläutern. Auf der Suche nach einer guten privaten Krankenversicherung wurde ich auf die Sehrgut&günstig-Versicherung aufmerksam. Ein Blick in Tabellen und Marktdaten zeigte mir, daß diese Versicherung im Verhältnis von Preis zur Leistung zu den führenden der Branche gehört. Ein telefonischer Kontakt war schnell hergestellt, und überraschend schnell durfte ich einen Vertreter der Versicherung bei mir zu Hause willkommen heißen.

Mit Beginn der »Verhandlung« entwickelte sich ein interessantes persönliches Gespräch, welches letztlich das Zentrum des Besuches – die eigentliche Verhandlung – in den Hintergrund drängte.
Da ich dem Versicherungsagenten deutlich signalisiert hatte, daß die Entscheidung für seine Versicherung bereits durch die Analyse der Leistungen und durch den Preisver-

gleich gefallen war, konnte und durfte die Vertragsverhandlung auch (zeitlich) vernachlässigt werden.

Das intensive persönliche Gespräch sensibilisierte mich jedoch zunehmend auf die Reaktion des »Danach«. Ich war neugierig, ob der Vorbereitung und Durchführung nun eine Nachbereitung in schriftlicher oder telefonischer Form folgen würde. Doch nichts geschah.

Das Ergebnis für mich war allerdings die Feststellung, daß es durch die fehlende Nachbereitung dem Versicherungsagenten nicht gelungen war, die geschaffene persönliche Basis zu halten. Letztlich degradierte er damit das persönliche Gespräch zur trainierten und aufgesetzten Verhandlungstaktik mit dem Abschluß: geschafft und weg!! Nur, was in diesem Fall auf Verständnis stieß, hätte in einem anderen Kunden ein unangenehmes Gefühl verursacht – und die Entscheidungen fallen nun einmal auf der emotionalen Ebene.
Um so erstaunter reagierte der Versicherungsagent, als er wenige Tage danach folgendes Schreiben von mir erhielt:

Sehr geehrter Herr B.,
»…ergänzend zu unserem freundlichen Gespräch möchte ich Ihnen nochmals in einer kurzen Zusammenstellung die von Ihnen ausgewählten Leistungen unserer Vollversicherung mit den gültigen Tarifsätzen zusenden. Im Laufe des Juli werden Sie dann die endgültigen Versicherungsurkunden für sich und Ihre Familie erhalten.
Für Rückfragen stehe ich Ihnen gerne jederzeit zur Verfügung, auch außerhalb der üblichen Bürostunden erreichen Sie mich bei dringenden Nachfragen unter der Telefonnummer 011 – 11111.
Für das Vertrauen, das Sie unserem Unternehmen und damit auch mir entgegengebracht haben, möchte ich mich herzlich bedanken…«
Haben Sie sich schon einmal Gedanken darüber gemacht, wie solche Zeilen auf genau den Kunden wirken, der nach Abschluß der Versicherung sicherlich noch nachdenklich ist, ob die richtige Entscheidung gefällt wurde. Erinnern Sie sich noch: »90%

der Entscheidungen fallen auf der emotionalen Ebene«. Haben Sie einmal auf der emotionalen Ebene gewonnen – also den persönlichen Kontakt hergestellt –, ist nicht nur der Kunde für das Leben gewonnen, sondern gleichzeitig ein kostenloser Werbepartner für die Leistungen, die Sie doch verkaufen wollen (oder müssen!). Doch halt! Sehen Sie bitte diese Zeilen nicht als eine narzistische Belehrung eines Besserwissers, sondern als einen lieb gemeinten Denkanstoß in Ergänzung der Thematik, die wir doch so ausführlich diskutiert hatten...

Am selben Tag noch erreichte mich der Telefonanruf eines verdutzten Versicherungsagenten. Heute hat genau dieser Agent diesen Brief zu einem Standardbrief emporgehoben – und ist vom Erfolg der 1,–DM-Briefmarken-Investition begeistert.

Was hier am Beispiel einer Versicherung demonstriert werden kann, läßt sich auf alle Branchen – und selbst im privaten Umgang – anwenden. »Danke für den schönen Tag«, oder als amerikanische Grußformel: »Have a nice day.«

Danke für deine Ausführungen. *Ich* kann *mir* gut vorstellen, daß diese Form der Nachbereitung auch im beruflichen Alltag gerne gesehen wäre. Doch *ich* möchte dich etwas fragen.
Du sprachst vorher von »Bomben-Formulierungen«. Was meintest *du* damit im Zusammenhang mit der Durchführung der Kommunikation, also z.B. im Rahmen eines Verhandlungsgespräches zwischen Kunden und Verkäufer.

5.7. Von Bomben und sonstigen Explosionen

Danke, daß *du* mich daran erinnerst. Ist doch diese Thematik als ein wesentlicher Faktor für ein mögliches Scheitern einer Kommunikation zu nennen.
Wie möglicherweise das Rauchen, sind ungünstig gewähl-

te Formulierungen, Handlungen und Themen im Rahmen einer Kommunikation, die auf eine Problemlösung oder einen Überzeugungstransfer (Verhandeln – Verkaufen) ausgerichtet ist, *Signale*, die von der Beziehungsebene des Kommunikationspartners empfangen – und bewertet werden.

Ich möchte diese in drei Gruppen unterteilen:

A. Du-Botschaften
B. Rechtfertigungs-Phrasen
C. Bomben

Die Du-Botschaften:

Wie würdest *du dich* fühlen, würde ich zu *dir* sagen:

Wie bitte, da hast *du dich* nicht richtig ausgedrückt!

Ich? Warum ich?

Diese Botschaften sind als emotionale Botschaften zu bewerten, da diese »den Fingerzeig« auf den anderen implizieren. Es gilt hier generell festzustellen, daß solche Botschaften in eine andere Sprache umgewandelt werden müssen, den Fingerzeig ausschließen und damit auch eine mögliche emotionale Reaktion auf dieses Signal im Gesprächspartner.

Bitte entschuldigen Sie, *ich* habe sie nicht richtig verstanden. Können *Sie* mir bitte den Sachverhalt nochmals erläutern. Sie sprachen über...

Diese »Sprache« stellt kein Eindringen in den persönlichen Bereich des Gesprächspartners dar. Sie achtet somit die Emotion des anderen und erweckt durch die Fragestellung zugleich Interesse im Gesprächspartner. Ich möchte *dir* gerne weitere Beispiele nennen:

Das sehen *Sie* aus *Ihrer* Sicht heraus falsch.

Statt dessen:

Ihre Ausführungen waren interessant. Zum Punkt X1 möchte ich anmerken, daß...

Was wollen *Sie* uns denn damit sagen?

Statt dessen:

Ich würde mich freuen, wenn Sie mir diesen Sachverhalt nochmals erläutern könnten...

Rechtfertigungs-Phrasen:

Neben diesen doch leicht anzuwendenden »Verhütungsmaßnahmen« im Sinne einer erfolgreichen Kommunikation durch Achtung der Emotionalität resp. durch eine rhetorische Sprachumwandlung fallen leider sehr häufig in Gesprächen »leere Phrasen«, die nicht nur durch ihre Überflüssigkeit hervorstechen, sondern gleichsam die Emotion des Gesprächspartners *negativ* ansprechen werden:

> Als Fachmann, der jahrelang den Sachverhalt in der Praxis miterlebt hat, kann ich Ihnen sagen, daß...
>
> Meine langjährige Erfahrung sagt mir, und da werden die Kollegen mir doch Recht geben müssen, daß...
>
> Nach unseren Regeln und laut unseren Vorschriften gilt jedoch, daß...
>
> Das Produkt (meine Arbeit) verkauft sich doch von alleine...
>
> Der geschilderte Sachverhalt entspricht nicht unserer Praxis...

Wie reagierst *du* denn, wenn in einem fachlichen Problemgespräch *dein* Mitarbeiter mit solchen Phrasen versucht, *dich* von der Richtigkeit seiner Meinung zu überzeugen? Oder anders formuliert, ist das ein Mittel, eine Basis des Verständnisses zwischen euch aufzubauen?

Er lacht.

Nein! Solche Worte oder Sätze schaffen sofort eine Barriere in *mir*. Es stellt sich doch sofort für *mich* die Frage, was *ich* aus der »Praxis« des anderen ableiten kann – nichts. Jeder Sachverhalt bedarf doch einer individuellen Klärung, also einer Klärung als Einzelfall, mit all seinen Bestimmungsfaktoren. Vorschriften oder Regeln können doch nur einen gewissen Rahmen behandeln, doch nie den Einzelfall. *Ich* reagiere dann auf das Folgende stets skeptisch.

Richtig. Doch leider gibt es in der Aufzählung der verbalen und thematischen Verfehlungen noch eine Steigerung. Ich möchte diese einmal »Bomben« nennen, da sie in der Lage sind, ein Gespräch »platzen« zu lassen, den möglicherweise günstigen Augenblick eines Geschäftsabschlusses zur Explosion bringen, eine unangenehme Atmosphäre schaffen. Im Gesprächspartner herrscht dann ein schlechter Zustand vor, der in der Regel zum Scheitern der Verhandlung führt.

Denn größtenteils, haben wir erfahren, fallen die Entscheidungen auf der emotionalen Ebene. Lasse ich diese explodieren, so kann von keiner funktionierenden Beziehungsebene mehr ausgegangen werden.

Dies vor allem dann, wenn die Einstellung des Gesprächspartners nicht bekannt ist oder, nur oberflächlich betrachtet, zu falschen Meinungen geführt hat. Ich möchte *dir* hierzu einige Beispiele nennen:

Auto:

Entschuldigen Sie die Verspätung. Aber ein Fahrer eines Kugelporsches (Käfer) wollte nicht einsehen, daß mein Mercedes (BMW etc.) das Recht auf die linke Spur besitzt.

Da muß ich Ihnen Recht geben. Ich gewinne jeden Tag denselben Eindruck, wenn ich mit meinem VW 1302 Käfer in das Büro fahre.

Politik:

Haben Sie auch über das Radio die ersten Hochrechnungen der Wahl verfolgt? Das ist endlich einmal der richtige Denkzettel für die Blauen...

Ja, leider konnten sich die Lügen gegen die Wahrheit durchsetzen.

Frauen:

Haben Sie die aufregende Biene gesehen, die da eben in den Sportwagen stieg? Eine Figur zum Auswendiglernen und Beine bis unter die Backenknochen

Ja, das war meine Frau!

Ausländer:

Finden Sie nicht auch, daß das Ausländergesetz verschärft werden soll? Es ist doch schon fast unzumutbar, wie viele Arbeitsplätze mit Ausländern besetzt sind ... und erst recht auf den Straßen ... unser Stadtbild ...

Ja! Darf ich Ihnen bei der Gelegenheit meine Gattin vorstellen? Sie ist in Zagreb geboren.

Religion:

Diese Sekten gewinnen immer mehr an Boden. Ich betrachte dies als eine Angelegenheit, die einzigst darauf ausgerichtet ist, über dumme Gläubige schnell zu Reichtum zu gelangen. Sind sie katholisch oder evangelisch...

Weder noch, ich bin in Salt Lake City geboren und bin ... Mormone!

Diese Beispiele zeigen *dir* deutlich, welcher Sprengstoff in den genannten Themen liegt.

Obgleich es richtig ist, nicht mit der »Türe in das Haus zu fallen«, frei nach dem Motto: »...und nun zum Produkt«, sollten die genannten Themen in allen Fällen ausgeklammert werden. Dies gilt ebenso für:

Witze ... kennen Sie schon den neuesten ...
Fußball ... war der Strafstoß gestern nicht ...
Krankheiten ... wenn nur meine Bandscheiben nicht wären
Personen ... ihr Nachbar, der Herr ...

Achte also in Zukunft auf diese Themen – und vermeide sie. Der Tritt in das Fettnäpfchen bleibt *dir* dabei erspart, ebenso der rote Kopf voll Peinlichkeit.

Doch laß uns nun weiter hören, wie Sokratissimo den Aufbruch plant.

5.8. Die Kraftquelle des Positiven

Maslow sah mich eindringlich an. Seine Augen funkelten mir entgegen. Er spürte, wußte es sehr wohl, daß *ich* eine große Angst vor dem Ungewissen hatte. Eine Angst, die seit dem Entschluß, den Weg zu wagen, auf *mir* lastete.

»Ich glaube, es ist besser, wir verschieben diesen Plan um ein Jahr. *Du* bist noch nicht so weit, *deine* inneren Kräfte zu mobilisieren, Kräfte, die *du* für den Aufstieg und die Gefahren, die nun vor *dir* liegen, in *dir* benötigst.«

Damit hatte *ich* als Sokratissimo nicht gerechnet. Warten? – Nein!
»Ich möchte diesen Weg jetzt gehen. Ich möchte mich verändern. Warum soll ich noch nicht so weit, reif genug sein. Durch deine Unterstützung kann *mir* doch nichts geschehen.«

»Nein! *Dir* fehlt die innere Überzeugung. Ich habe *dich*

überschätzt. Auf diesem Wege wirst *du* alleine sein. Der einzige Mensch, der *dir* in der Gefahr helfen kann, bist *du* selbst. Ich kann *dich* nicht mehr unterstützen. Du bleibst!«

»Ich bleibe nicht!« Trotzig lehne *ich mich* zurück, verschränke die Arme als Zeichen meiner Barriere. »Du hattest doch recht! Das Leben hier ist angenehm, und doch erfüllt es *mich* nicht. Du hast mir die Augen geöffnet.
Ich werde morgen 18 Jahre alt. Mit diesem Tag bestimme *ich* mein Schicksal selbst. Und so entscheide ich, daß *ich* den Weg gehen werde. *Ich* will es!«

Maslow lächelt *mich* an. »Gut,« sagte er. »Ich wollte testen, inwieweit *du* hinter der Idee – und hinter *dir* selbst stehst. Denn *du* mußt Prinzipien beherrschen und damit *dich* selbst beherrschen, willst *du* die Spitze des Berges erreichen.

Du mußt das Prinzip der eigenen Disziplin begreifen, nach ihm leben. Halte *deine* Ausrüstung stets in Ordnung – und *dich* selbst.
Du hast nicht unendlich viel Zeit, den Berg zu bezwingen. Stecke *dir* also *deine* Ziele, lege Teilziele fest und halte *dich* an den vorgegebenen Zeitpunkt, wann *du* diese erreichen willst. Lebe also in der Disziplin *deiner* selbst.
Lerne den Schmerz zu überwinden, wenn *deine* Beine *dich* zur Umkehr oder zum angenehmen Verweilen überreden wollen – lerne durch Selbstdisziplin weiterzukommen.

Nicht wenige sind steckengeblieben, weil sie ihre eigenen Grenzen nicht bereit waren zu überschreiten. Und doch waren diese Grenzen nur scheinbare Grenzen der eigenen Annehmlichkeit und gewollten Handlungsunfähigkeit.

Lasse *dein* Ziel nie aus den Augen.

Motiviere *dich* in Gedanken an die Erreichung *deines* Zieles.

Besiege negative Gedanken in *dir*, bevor die Suggestion der Umkehr *dich* besiegt.

Halte *dir* also vor Augen, daß *du* bei Beherrschung der Faktoren der Selbstdisziplin und des Willens zum Erfolg jedes Ziel erreichen kannst, das *du* erreichen willst.

Denke daran:
Was du geistig im Glauben an die eigene Stärke festhalten kannst, das kannst du auch durch die Stärke deines Geistes erreichen.

Doch achte auf folgende Zeichen:

1. Schwimme nie gegen einen Strom, dessen Wasser unklar ist und *dir* den Blick auf den Boden verwehrt.
2. Achte auf den Wurm. Krümm *dich* in der Gefahr, wie der Wurm sich krümmt, um nicht von den Rädern der Feldmaschinen zermalmt zu werden.«

»Ich verstehe nicht, was du damit meinst, Maslow?«

»*Du* wirst es verstehen, wenn der Moment gekommen ist. Dann denke daran – und handle.

Doch laß uns jetzt zur Ruhe kommen. *Du* beginnst um 07.00 Uhr mit dem Aufstieg...«

Diese Stelle *meines* Traumes ist es, die *mir* Rätsel aufgibt. Was ist dies für eine Suggestion, von der Maslow spricht? Was ist gemeint mit dem unklaren Strom – und mit dem Wurm? Ist es nicht eher so, daß wir Menschen im Sturm bestehen sollen, fest verwurzelt wie die Bäume?

Die letztlich dann doch knicken, weil sie sich nicht krümmen können, antwortete der Freund. Sokratissimo, also *dir*, wird durch Maslow ein Fundament mit auf den Weg gegeben. Bevor ich *dir* die Zeichen erläutere und ihre Bedeutung, möchte ich *dir* erklären, von welcher Kraft in *dir* Maslow spricht: Es ist die

Kraft des Positiven Denkens

5.9. Das Basis-Lager – oder Konrad hat doch recht

Stelle *dir* doch einmal einen Berg vor. *Du* möchtest einen 8.000-Meter-Berg besteigen und beginnst am Morgen frisch und froh mit dem Aufstieg. Nach drei Stunden der Quälerei (Du weißst: Nur wer bereit ist zur Selbstdisziplin, der wird es im Leben auch zu etwas bringen; der, der stets dann aufhört, wenn es beginnt weh zu tun, wird ein angenehmes und erfolgreiches Leben verbringen – frage doch einmal die Größen unserer Zeit – oder analysiere das Peter-Prinzip – Laurence J. Peter & Raimond Hull) macht *dir* das liebe Wetter einen Strich durch die Rechnung. *Du* mußt umkehren – doch wohin? Spätestens jetzt wirst *du* bemerken, daß *deine* Vorbereitung falsch war, daß aber vor allem eine Basis fehlt, auf die *du dich* zurückziehen könntest, die *dir* den Mut gibt, von neuem zu beginnen – *deine* Basis.

Bereits zu Beginn unseres Dialoges zitierte ich Konrad Lorenz mit seinem Ausspruch über Kommunikation. In seiner Aussage nennt er nicht nur die »Kunst zu Sprechen«, also die Rhetorik, sondern geht hin bis zum ... »auch angewandt«. Das sollte die Herausforderung sein, die *du* suchst, die Bestätigung, durch Mut und Energie alles erreichen zu können – eben letztlich durch Kommunikation erfolgreich zu sein. Ich greife vorweg: Alles ist trainierbar und erlernbar (»umpolbar«), wenn die Basis stimmt.

»Ich möchte rhetorische Tricks beherrschen, um vor und bei Reden nicht mehr so nervös zu sein«, formulierte einmal ein Seminarteilnehmer seine Erwartung an das Seminar. Ich mußte ihn enttäuschen: mit Rhetorik alleine geht da nichts. Das ist doch so, als wenn ich einem Ungeübten lerne, wie er den Haken in den Fels zu schlagen hat – und ihn dann losschicke, bevor er seine Kondition für dieses Vorhaben gestählt hat. Der arme Tropf: da hängt er nun und weiß nicht weiter. Das gerade ist der Vorteil, befaßt man sich mit der Ganzheit einer Thematik. *Du* wirst lernen, nicht nur einen

Baustein zu trainieren für *deinen* Weg auf *deinen* persönlichen Erfolgsberg, sondern *du* wirst das komplette Rüstzeug erhalten. Alles was *du* später tun mußt, ist anzufangen – vom Basislager aus.

Wir sprachen zu Beginn (Kap. 3.4) von den Faktoren der ungewollten Handlungsunfähigkeit. Zu den genannten Faktoren möchte ich an dieser Stelle einen weiteren hinzufügen, den

Streß

Alles ist in heller Aufregung. Die rote Lampe hat geleuchtet und den Prozeß ins Rollen gebracht. Die Kommandozentrale, das Gehirn sozusagen, hat einen Reiz empfangen. Gefahr »ad portas« (vor den Toren), die Waffenlager werden geöffnet, über den Sympathikusnerv geht eine Reizung an die Nierenbasis: Adrenalin und Noradrenalin ausschütten. Eiweißreserven gehen an die Muskeln, der Blutkreislauf beschleunigt sich – wir sind kampfbereit, und Adrenalin überschwemmt unseren Körper. Und just in diesem Moment fragt *dein* Vorgesetzter nach den neuen Umsatzzahlen, gerade als *du* dabei warst, die Geheimnisse *deines* neuen Personal-Computers zu ergründen. Der Streß erhöht sich. *Du* willst denken – um antworten zu können. Aber es geht nicht – warum?

Du stehst in *deiner* Besprechung und erkennst, daß jetzt von *dir* mehr erwartet wird als sonst. Aber *du* kannst nicht!

Warum?

Friedlich schlummern unsere Gehirnzellen in uns und warten auf den elektrischen Reiz, etwas zu tun – nämlich das Gespeicherte auszuspucken. Im Moment des Denkens gibt es die Vereinigung der betreffenden Zellen. Über den Transmitterstoff der geplatzen Synapsen (Verbindungsstoff zwischen den sonst getrennten Gehirnzellen) jagt der elektrische Impuls von einer Gehirnzelle zur anderen, aktiviert und vereinigt sie – Außer: Adrenalin hat die Brücke zerstört, das Zerplatzen der Synapsen verhindert, unseren Denkapparat außer Kraft gesetzt, ein Brett vor den Kopf genagelt, ein Pflaster auf den Mund geklebt. Kennst *du* noch den lähmenden Zustand des Schülers vor der Tafel?

Ja, *ich* werde es nie vergessen, als mich in einer mündlichen Prüfung eine Frage überraschte, deren Antwort *ich* sehr wohl wußte, zu deren Beantwortung *ich* jedoch in diesem Moment unfähig war.

Mag jetzt auch *dein* erster verständlicher Aufschrei lauten: Weg mit dem Adrenalin, so muß gesagt werden, daß wir ohne diesen Automatismus in uns nicht leben könnten.

Stelle *dir* doch folgende Situation vor:

Aha, denkt der Mensch sich, da hat etwas gequietscht. Da er auf einer Straße geht, könnte das ein Auto sein. Es hörte sich nicht weit weg an – muß also sehr nahe sein. Also dreht er sich erst einmal um, damit er die Situation besser überdenken kann – um danach richtig (oder falsch) zu handeln. Doch das ist nicht die Realität.

Die Realität läßt uns bei Gefahr anders reagieren, nämlich instinktiv, intuitiv, weil unser Körper bei Empfang des Streßimpulses für uns reagiert. Wir springen zur Seite, hoppeln, hüpfen – um manchmal dann festzustellen, daß alles gar nicht so schlimm gewesen ist, wenn wir das Lachen der Passanten hören.

Doch genau dies ist der Zustand, von dem der Seminarteilnehmer sprach. Der Streß als die Angst vor dem Reden lähmt die Kommunikation. Der bio-chemische Hausapparat versiegelt den Denkapparat – und nichts geht mehr. Wie bei unserem Wanderer, als das Wetter hereinbrach. Nun gilt es, sich auf die Basis zurückzuziehen, die Kraft und den Mut für den zweiten, dritten etc. Versuch zu gewinnen.

Wer sich die Basis verinnerlicht hat, stets um ihre Existenz weiß, damit in Sicherheit lebt, der tritt bald auch sicher auf, in der Verhandlung und im Reden. Rhetorische und dialektische Bausteine sind dann der erste und zweite Stock auf unserem Fundament. Dem *Positiven Denken.* Und wird durch Anwendung rhetorischer wie dialektischer Methoden auf der Basis einer Geisteshaltung, die uns stets sagt: »Du schaffst alles, wenn Du nur willst,« zur Gewohnheit, zu *deiner* Gewohnheit, die dann keinen Streß mehr zuläßt.

Das Positive Denken schafft die Plattform *deiner* Unternehmung Kommunikation, ist das Basislager und der Ausgangspunkt für alle Aktivitäten. Es ist *dein* persönlicher Ansporn, die Motivation und der Motor *deines* Handelns – schlichtweg *deine* Batterie. Das suggestive Element zur eigenen Veränderung. Die Triebfeder, und nicht der Hemmschuh, wie sich die negative Geisteshaltung darstellt. Aus Sätzen wie: Das schaff' ich nie!, ist wirklich noch nie Großes entstanden. Mit welcher Geisteshaltung starteten wohl die Männer um Columbus? Hat etwa Admiral Nelson gerufen: auf zum Untergang? Oder ein Unternehmer, der 1945 aus Ruinen eine Firma stampfte, zur notwendigen medizinischen Versorgung nach dem 2. Weltkrieg. Was hatten all die Größen unserer Zeit? Glück? Nein! Den Willen zum Handeln und die Kraft des Positiven Denkens, die nicht nur ihnen selbst zugute kam, sondern sich auf alle Anwesenden (Mitarbeiter) übertrug!
Das klingt, als wenn *ich mir* nur diese Geisteshaltung aneignen bräuchte, um erfolgreich zu werden. Als wenn dies die Basis wäre, die ich für *mich* bräuchte.

Die alleinige Aneignung der positiven Geisteshaltung ist noch kein Garant für den Erfolg, auch wenn dies gerne in der einschlägigen Literatur so dargestellt ist. Liest man dort zwischen den Zeilen, so läßt sich auch hier das Erfolgsprinzip derjenigen Personen, die im Zusammenhang mit dem Positiven Denken genannt werden, aus den Faktoren *Selbstdisziplin – Erfolgswille – Bewußtsein der eigenen Kraft* ableiten: Das Bestehen einer positiven Geisteshaltung ist stets eine notwendige Basis, auf der sich operieren läßt.

Grundsätzliche Bemerkungen zum Positiven Denken

Mit dem Leitsatz: Tue es gleich! soll nichts anderes suggeriert werden, als uns schon das alte Sprichwort sagt: Was *du* heute kannst besorgen, das verschiebe nicht auf morgen. Und doch benötigt es meiner Meinung nach einer genauen Vorbereitung, Zieldefinition – wie auch einer detaillierten Abgrenzung.

1. Was verstehe ich selbst unter Positivem Denken? Welche Rolle soll das Positive Denken in meinem Leben spielen? Was will ich damit erreichen – Zieldefinition.

2. Setzen von Zielen, Teilzielen etc. und Kontrolle des Erreichten. Überdenke *deine* Ziele genau, stecke *deine* Ziele erreichbar hoch. Setze *dir* Fristen für die Erreichung von Teilzielen und kontrolliere damit *deinen* Erfolg.

3. Vermeide negative Formulierungen. Bedenke, daß ein Mißerfolg erst dann ein Mißerfolg bleibt, wenn *du* selbst einen daraus machst. Jeder Tiefschlag sollte *dich* anspornen, *deine* Maßnahmen neu zu überdenken (Sinn des Lebens und die Maßnahmen zur Zielerreichung), ob nicht ein bißchen *anders* oder ein klein wenig *Mehr* den gewünschten Erfolg doch gebracht hätten.

4. Beginne mit einer neuen Handlung (Kommunikationstechniken und -methoden). Aus der fortlaufenden Handlung wird Gewohnheit, *du* beginnst intuitiv und instink-

tiv zu reagieren – richtig. So kannst *du* Gehirnzellen umpolen, schaffst Neues neben Altem (vergiß also nie, das »Alte« zuerst anzunehmen – und es *dir* zu bewahren, denn erst aus Erfahrung wird man klug).

5. Schaffe *dir deine* eigenen Leitsätze im Leben. Schreibe diese persönlichen Leitsätze und Motivationsmethoden auf. Lege *dir* den Zettel überall dort hinein, wo *du* mindestens drei Mal (!) am Tag darüberstolperst – in den Terminkalender, in den Aktenkoffer, oder hänge den Zettel *deines* Erfolges an den Ort, den *du* mindestens ein bis zwei Mal am Tag aufsuchst.

6. Halte es wie Andrew Carnegie: »Was so wertvoll ist im Leben, daß man es besitzen sollte, ist es auch wert, danach zu streben.« Verinnerliche *dir* den Satz von Napoleon Hill & W.C. Stone: »Was immer der menschliche Geist erfassen und glauben kann, das kann er auch verwirklichen.«

Wer jetzt sagt, »das glaub' ich nicht«, »das kann ich nicht,« der bleibt dem Negativen treu. Für den werden rhetorische, dialektische, körpersprachliche und NLP-Techniken nur Einmal-Techniken bleiben frei nach dem Motto: Schublade auf, Technik raus, verloren und für immer zugesperrt – aus! Für den kann dann das PETER-PRINZIP gelten, daß, fehlt durch die negative Haltung die innere Motivation als Motor unseres Handelns, er nur bis zur eigenen Unfähigkeitsgrenze aufsteigen wird. Und diese kann in Abhängigkeit zum Individuum selbst schnell erreicht sein – das Leben aber länger dauern.
Du willst erfolgreich werden, durch die Schaffung eines neuen Fundamentes in *dir* und durch ganzheitliche Kommunikation. *Du* willst durch Erfahren und Erleben lernen zu überzeugen, auf der Grundlage der eigenen Überzeugung. *Du* willst motivieren, durch eigene Motivation. Damit kannst *du* ein Fundament für *dein* richtiges Handeln bauen,

aber auch für die Dialektik. Dialektische Methoden als Methoden des Überzeugungstransfers setzen voraus, daß der, der einen anderen verbal und non-verbal überzeugen möchte, also verhandeln und verkaufen möchte, selbst überzeugt ist.
Steigere also *deinen* Erfolg im Unternehmen durch Positives Denken – und lasse ruhig *deinen* Konkurrenten weiter negativ denken.

Jedoch! ...

Wenn *du dir* nicht die Erfolgsprinzipien (Selbstdisziplin, eigener Erfolgswille und Bewußtsein der Kraft) zu eigen machst, wird *dir* auch das Positive Denken nichts helfen. Positives Denken kann nur dann zu einer Kraft in *dir* werden, wenn es darum geht, die eigenen Erfolgsfaktoren zu verwirklichen, als Fundament *deiner* Kommunikation.

Ex nihilo nihil (Aus Nichts wird Nichts) gilt hier dann ebenso für das Positive Denken. Das Positive Denken kann der Ansporn *deiner* Handlung werden, die fehlende Motivation in *dir*, doch es kann die Handlung nicht ersetzen, den Weg zum Erfolg über die eigenen Erfolgsfaktoren – und ebensowenig den Erfolg über die Kommunikation selbst herbeiführen.

Im Gegenteil! Hier kann das Positive Denken zur Gefahr werden, wird es falsch verstanden und wartet man auf den Automatismus des Erfolges. Frustration und die Bestätigung der eigenen Handlungsunfähigkeit sind dann das unweigerliche Ergebnis.

Baust *du dir* ein Haus aus Pappe, so ist dieses genau so gut wie sein Material – der erste Regen wird *dich* dann belehren. Eine weitere Gefahr, sich ohne Vorbereitung treu dem Leitsatz: Tue es gleich! in das Abenteuer des Positiven Denkens zu stürzen, liegt in der fehlenden Abgrenzung.

Vincent Peale formulierte den Leitsatz:

»Tue das, wovor du dich fürchtest, und die Furcht stirbt einen sicheren Tod.«

Wer eine »Todesangst« vor dem Sprung von der Golden Gate Bridge, lediglich am Gummiseil hängend, hat, der wird die Furcht davor auch dadurch nicht verlieren, daß er einfach getreu dem Leitsatz sofort springt. Die Angst, die er während des Sprunges haben wird, kann so stark sein, daß er das Ereignis, nämlich wieder gesund nach oben gezogen zu werden, nicht mehr miterlebt.

Ist dieses Beispiel auch kraß, so zeigt es doch, daß nicht alle Leitsätze des Positiven Denkens anwendbar sind und stets auf den Einzelfall geprüft werden müssen.

Und letztlich liegt die Gefahr noch darin, daß viele Menschen in der Begeisterung zur Möglichkeit der eigenen Suggestion sehr schnell geneigt sind, ihre bisherige Lebenseinstellung durch das Positive Denken zu ersetzen.

Der Verlust der vergangenen Erfahrungen ist hier durch eventuelle Erfolge, die ich aber stark anzweifle, nicht aufrechenbar. Die Gefahr liegt darin, zu verlieren, anstelle zu gewinnen.

Hier wird das Positive Denken zum Selbstbetrug, als Aufbau einer Scheinwelt des automatischen Erfolges. In diesem Fall fungiert das Positive Denken einzigst zur Manipulation des eigenen Bewußtseins. Der Verlust der eigenen Wahrheit ist dann leider die Konsequenz.

Soll das Positive Denken ein Erfolgsfaktor für *dich* werden, so darf es nur als vorgeschaltete Stufe der eigenen Erfolgsfaktoren tätig sein. Somit ist ausgeschlossen, daß dadurch die Wahrheit in *dir* durch Scheinwahrheiten ersetzt wird.

Das Positive Denken wird dann für dich zu einem erstrebenswerten primären Ansporn, über die Erfolgsfaktoren ein Fundament zu errichten, auf das die Bausteine der Kommunikation gesetzt werden.

Bitte verstehe jetzt meinen Einwurf. Aber ich verstehe nicht, warum du, geht es doch letztendlich um die Kommunikation, solchen Wert auf das Fundament, bestehend aus der Frage nach dem Sinn des Lebens, dem Positiven Denken und letztlich noch den eigenen Erfolgsfaktoren legst, genügt es doch, einfache Techniken und Methoden der Rhetorik, Dialektik und Körpersprache zu erlernen. Eine damit verbesserte Sprache, ein gutes Auftreten und ein höheres Problemlösungspotential sind dann gegeben – der Erfolg ist doch damit prognostizierbar.

Richtig! Und doch gilt dies nur für jene, die sich die Frage nach dem Sinn des Lebens bereits gestellt haben, die nach eigenen Erfolgsfaktoren leben – und die eine positive Geisteshaltung von jeher als Charaktereigenschaft innehatten. Hier genügen tatsächlich Methoden und Techniken, um letztlich dann nicht in der Vordergründigkeit steckenzubleiben. Und doch ist für alle jene im Umgang mit den Mitmenschen, ihren Mitarbeitern etc. dann ein *Mehr* an Verständnis vorhanden.
Wer jedoch – und das sind in unserer Zeit, betrachte einfach einmal das mangelhafte kommunikative Verhalten in den Unternehmen, sehr viele Menschen – nicht nur an der Oberfläche und damit in der Vordergründigkeit steckenbleiben möchte, der muß sich auch mit seinen *Fundamenten* beschäftigen. Also mit den *eigenen Faktoren der ungewollten Handlungsunfähigkeit.*
Wer als Mensch auf andere Menschen nicht frei von inneren Hemmnissen zugehen kann, dem fehlen keine kommunikativen Techniken und Methoden, dem fehlt das Fundament. So ist es logisch, will er dennoch zum Erfolg kommen, daß er sich mit sich selbst auseinandersetzt – und die Ursachen der eigenen subjektiven Handlungsunfähigkeit hinterfragt.

So gibt es leider genügend Beispiele von Menschen, die Tages- oder Wochenseminare besuchten, ohne die sicherlich gewonnenen Erkenntnisse, d.h. die Techniken und Methoden, in die Tat umsetzen zu können. In einem Beispiel besuchte die Leiterin einer Weiterbildungsabteilung insgesamt über vier Wochen ein Rhetorikseminar, ohne danach auch nur eine Technik in der direkten Kommunikation anwenden zu können.

Leider stellt dies keinen Einzelfall dar. Er verdeutlicht das »Steckenbleiben« in den Kommunikationsstufen (höchstens bis »...behalten...«), wird nur ein Baustein gelehrt – und läßt damit das gesamte Unternehmen Kommunikation scheitern. So gilt in diesem Fall folgende Abgrenzung:

Gesagt bedeutet noch nicht gehört
gehört noch nicht verstanden
verstanden noch nicht einverstanden
einverstanden noch nicht behalten

behalten noch nicht angewandt und
angewandt noch nicht Verhaltensänderung

5.10. Das kommunikative Fundament – Erfolgsfaktoren

Mache dir stets folgendes klar:

Der Erfolg eines Menschen im Umgang mit anderen Menschen, also letztlich als

- Führungskraft
- Vorsitzender
- Freund
- Partner
- Ehemann

... oder schlichtweg als Kommunikator, liegt

1. in seiner Person

- Sinn des Lebens – Beantwortete Frage mit Zielstellung
- Erfolgsfaktoren – Selbstdisziplin – Wille – Bewußtsein d. Kraft
- Positives Denken – Primärer Motivationsmotor

2. in seiner kommunikativen Fähigkeit

- Rhetorik – Die Kunst zu sprechen
- Dialektik – Die Kunst zu überzeugen
- Körpersprache – Non-verbale Verhaltensweisen und Signale
- NLP – Signale verbal, non-verbal, programmiert erkennen und Menschen führen (Leading)

Kein Unternehmen kann das Weiterbildungsbudget sinnlos vergeuden. Eine jede Investition, auch die, welche die eigenen Mitarbeiter betrifft, muß planvoll bei prognostizierbarem Erfolg getätigt werden.

War der Erfolg trotz der Investition nicht eingetreten (außer einigen »Aha-Effekten«), was in den meisten Fällen beobachtet werden mußte, wurde es notwendig, die Gründe für den fehlenden Erfolg näher zu untersuchen.
In den wenigsten Fällen lag hierbei der bestimmende Faktor in der Weiterbildungsveranstaltung selbst, also dem(r) Trainer(in), sondern in der Person des Seminarteilnehmers. Auf dieses Ergebnis bauen sich die von mir genannten fundamentalen Prinzipien auf.

So bin ich auch sehr gespannt, ob *dein Sokratissimo* letztlich den Weg auf den Berg findet, sich bis zum Gipfel hochkämpft. Denn Erfolg wird er nur dann haben, steht er auf dem Gipfel – nicht einen Meter darunter.

Was *deine* weiteren Fragen betrifft, so würde ich mir wünschen, daß *du* zuerst erzählst, wie *Sokratissimo* den Anstieg beginnt. Vielleicht findest *du* dann die Antwort auf diese Fragen selbst in *deinem* Traum. Bist *du* damit einverstanden?

Ja! So möchte *ich* dir gerne weiter berichten.

6. Der Berg zum Erfolg

Und wieder knipste sich das Licht an und überflutete dumpf das Tal, die kleine Stadt. Die Häuser duckten sich am Boden, als wären sie vom plötzlichen Licht überrascht. Es war 7.00 Uhr.

Sokratissimo war müde. Er hatte die wenigen Stunden, die ihm nach vollendeter Planung und den Gesprächen mit Maslow geblieben waren, unruhig und von Träumen begleitet verbracht. Was würde dieser erste Tag des Aufbruches für ihn bringen? Was würde er erleben, auf welche Gefahren würde er stoßen?

Seine Ausrüstung war gut in einem Beutel verstaut, den er sich auf den Rücken gebunden hatte. Während des Frühstükkes hatte er sich noch einmal eingehend mit Maslow unterhalten. Es war jetzt alles gesagt – es konnte beginnen. Er stand vor der Hütte, den Blick auf sein Ziel, den Berg, gerichtet, der im Grau seiner Farbe zum Kontrast des dumpfen Grünes stand, in dessen Kleid sich der dichte Wald präsentierte.

Er drehte sich um zu Maslow,der eben mit schwerfälligem Gang gebückt durch die Türe kam. Die Verabschiedung war kurz...

...dann begab sich *Sokratissimo* auf den Weg.

Er trägt ein Gefühl der Neugierde wie der Beklemmung in sich, Gefühle, welche ein Mensch in sich fühlt, begibt er sich auf neue Pfade. Das Alte läßt er hinter sich, und doch wird er es nie vergessen. Und da er nicht erahnen kann, was ihn erwarten wird, schwingt das Gefühl der Trauer und des Abschiedes in ihm, blickt er zurück, verharrend im Schritt, sich umwendend.

Blickt er nach vorn, nach oben, wo die Wolken keine Sicht auf den Gipfel des Berges freilassen, da kommt neben der Unsicherheit des Kommenden die Hoffnung auf, da er nur erhoffen kann, dort oben die Antworten, die Übersicht – den Erfolg zu finden. Sollte doch der Hochmut vor dem Fall kommen, der Aufstieg erst der Beginn der Talfahrt sein? Weg mit diesen negativen Gedanken. Voran!

Je höher er hinaufwandert, um so dichter wird der Wald. Der Geruch des Alten, Vergangenen liegt hier und schlägt sich auf die Atmung. Längst ist es nicht mehr möglich, zurückzublicken – was bleibt, ist das Gefühl der Einsamkeit. Zweifel. Weiter! Nur mehr selten geben die in sich verwachsenen Äste der alten Tannen einen Blick auf die Wolken frei, die jetzt immer näher an ihn heranrücken, als würden sie die Grenzen seines Daseins darstellen, den Deckel auf dem Topf. Seit drei Stunden ist er nun unterwegs, sich bisher keine Pause gönnend.

Der Wald wird zunehmend stiller, keine Laute sind zu hören, und fast ist es so, als ob sein Dahinschreiten über morsche Äste, Moos und den Waldboden die alten Bäume in ihrem Schlaf stören könnte. Längst ist die Jacke um die Hüften gebunden, baumeln die Ärmel im Takt seines Schrittes. Doch nur zaghaft bahnt sich sein Schweiß den Weg von der Stirn herab, als hätte er Angst, ihn, den Menschen, hier an diesem Ort der Stille zu verlassen.

Zögernd hält er in seinem Schritt inne. Unscheinbar steht hier eine kleine Hütte, erbaut aus den Materialien, die der Wald freigegeben hat. Äste bilden ein Dach, Erde und Moos die Wände einer Behausung, die in den Boden gebaut scheint.

Neugierig trete *ich* näher, um den Bau eingehend zu betrachten. »Zerstöre meine Wohnung nicht!« höre *ich* plötzlich hinter mir eine laute, fast kreischende Stimme. Er-

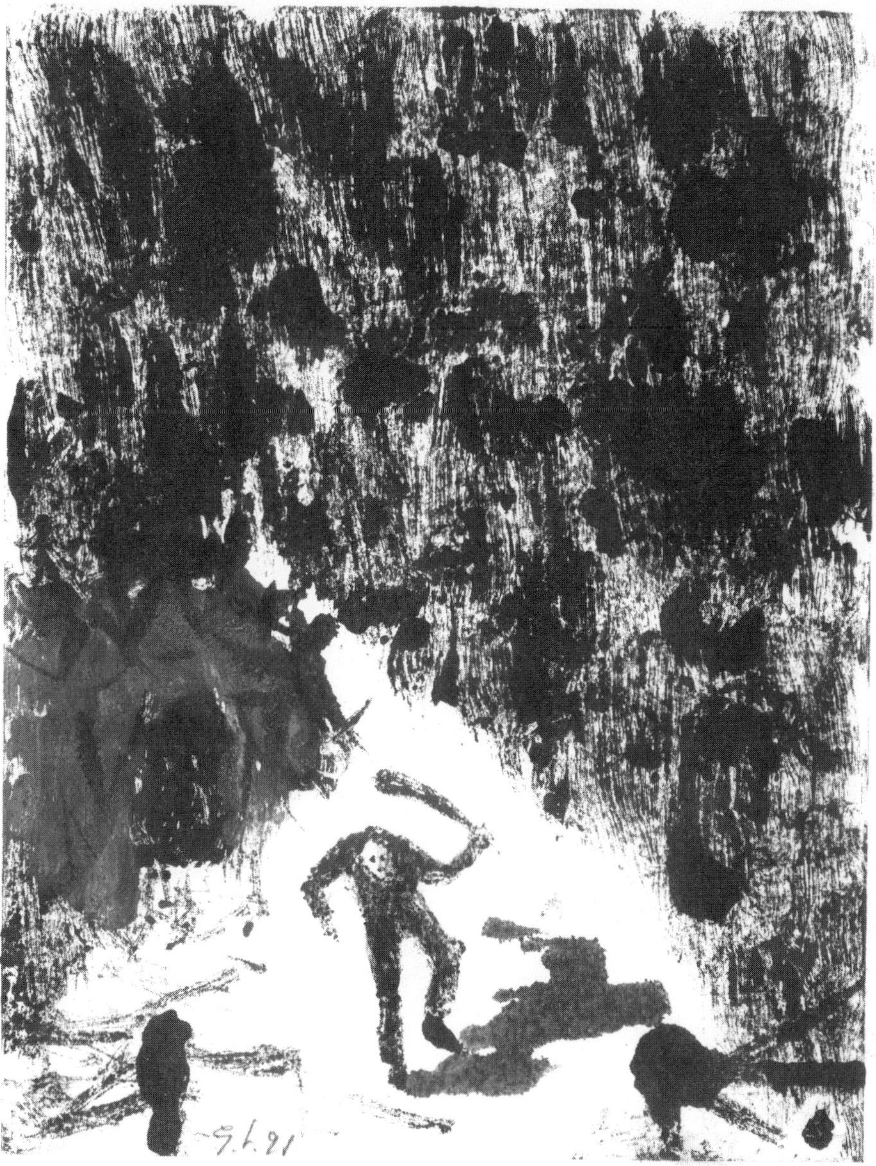

schrocken fahre *ich* herum und sehe ein Männchen vor mir stehen, nicht größer, als daß es mir bis zur Brust gehen würde. Seine Kleidung ist zerlumpt, sein Bart struppig und von langen Kopfhaaren umrahmt. In seiner Hand hält es drohend einen knöchrigen Ast als Zeichen seiner Abwehr.

»...*Ich* möchte deine Hütte nicht zerstören. Ich war nur verwundert, hier in diesem Wald auf einen Menschen zu stoßen. Sage mir doch bitte, was tust du hier, wer bist du?«

»Das geht *dich* nichts an. Mach', daß *du* fortkommst. Ich will mit mir und meinem Schicksal alleine sein. Gehe endlich – und vergiß mich.«

»Nicht, bevor du mir Auskunft gegeben hast. Eine jede Auskunft, die ich erhalten kann, ist wichtig für mich und für die Erreichung meines Zieles.«
Ich setze mich trotzig auf einen morschen Baum, dessen Fehler war, daß er zu dicht an einem Riesen wuchs, der ihm das Wasser und die Kraft durch seine Wurzeln nahm – bis ihm nur mehr der Tod bestimmt war. Auch hier wird gekämpft, um das Leben und Überleben, wobei wieder einmal das Gesetz der Natur seine Wahrheit findet, daß nur der Stärkere überleben kann.

Ich verschränke meine Arme als Zeichen meines Trotzes und meiner Sturheit, spanne die Muskulatur meines Körpers an, presse die Lippen aufeinander.

»...Du armer Narr! Was soll ich *dir* schon sagen können, was für *dich* von Bedeutung ist. Kehre um, solange es noch nicht zu spät ist und *du* das Opfer *deiner* juvenilen Idee wirst. Oder nimm mich mit, dann zeige ich *dir* den Weg, soweit ich ihn kenne. Doch *du* mußt versprechen, mich mitzunehmen, mich zu unterstützen, mir zu helfen – bis wir beide dann ganz oben sind.«

Da fallen mir die Worte von Maslow wieder ein: Nur der wird Erfolg auf seinem Weg haben, der diesen Weg alleine geht. Wer sich nur mitnehmen läßt, der kann den Gipfel zwar erreichen, und doch wird ihm dieses Erlebnis, die Kraft des eigenen Erfolges, versagt bleiben. Und da er nicht dort bleiben kann, wo er dann ist, weil es ihn selbst an allem mangelt, muß er entweder weiter mit dem Menschen mit, der ihn mit auf den Weg genommen hat, oder alleine zurückgehen, was das Schlimmste ist, was passieren kann. Denn im Zurückgehen wird er all die Dinge sehen und erkennen, die ihm oben versagt geblieben sind, was seinen Schmerz nur erhöhen wird. Und letztlich wird er ziel- und planlos werden, ohne den Boden unter den Beinen zu spüren, haltlos und einsam. Und dies ist dann schlimmer für ihn, als zu verweilen, wo er ist. So überlege, ob du ihn für immer mitnimmst, oder alleine für *dich* den Weg begehst.

»Nein, *ich* nehme dich nicht mit, außer du gehst den Weg alleine und doch zusammen mit mir, ohne Unterstützung von mir, dich auf dich selbst und deine Fähigkeiten berufend.«

»Das kann ich nicht. Ich habe es doch versucht. Sieh doch, wie es endete. Der Weg ist nicht zu schaffen. Ich wußte es doch, als ich losging. Und doch war ich zu neugierig. Ich habe mich zu weit vorgewagt.«

»Gehe doch zurück in die Stadt. Es sind nur drei Stunden des Weges.«

»Nein. In die Stadt will ich nicht mehr. Dort habe ich mich noch nie wohlgefühlt. Warum sollte ich dann zurückkehren. Ich warte darauf, daß mich jemand mitnimmt – oder vielleicht bei mir bleibt. Das Leben hier ist angenehm. Der Wald schenkt *dir* alles, was *du* brauchst. Bleibe doch hier bei mir und laß es *dir* gut gehen.«

»Nein! Ich kann und will nicht bleiben. Ich möchte mich nicht dem Angenehmen verschreiben – ich möchte weiter, vorwärts.«

»Dann tue dies, du Narr. Ich habe dich gewarnt. Doch kommst du zurück, so wirst du nicht mehr bei mir bleiben können. Entscheide dich also ein letztes Mal.«
Drohend steht das Männlein vor mir, die Erregung läßt seine Adern an Hals und Stirn anschwellen, und doch weiß ich: Es ist die Verzweiflung, die aus ihm spricht – doch ich muß weiter, darf nicht bleiben, muß weiter.

Noch lange höre ich das Gezeter des Männleins, dessen schrille Stimme sich aber dann immer mehr mit den zunehmenden Geräuschen und Lauten des Waldes vermischt – und letztlich doch verstummt.

Und so vergeht der Tag, und es scheint, als würde die Reise kein Ende nehmen. Noch immer befinde ich mich im Wald, auch wenn der Baumbestand spärlicher wird.
Blicke ich nach oben, so scheint es, als könnte ich jederzeit den grauen Wolkenhimmel berühren. Doch bald ist mir auch diese Sicht genommen, und die Nacht bricht mit einem Schlag herein.

Während ich über ein mögliches Lager zur Nacht nachdenke, erblicke ich weiter oben den schwachen Schein eines Feuers, das bewegte Schatten an die sich dort höher aufwerfenden Felswände zeichnet. Das Erlebnis mit dem Männlein ist mir jedoch noch zu gut in Erinnerung und mahnt mich zur Vorsicht. So schleiche ich leise näher.

6.1. Rhetorik

Kinder sitzen um einen Fels herum, der eine mir unbekannte Inschrift trägt. Ich schätze die Kinder, deren Gesichter ich nur undeutlich im Schein des flackernden Feuers sehe, auf nicht älter als zehn Jahre. Die Kinder sind für diese Gegend eigentümlich gekleidet. Sie tragen alle kleine Anzüge, die wie maßgeschneidert an ihren kleinen Leibern anliegen. Bunte Krawatten baumeln auf schneeweißen Hemdchen und vermitteln einen »wichtigen« Eindruck.

Ein Kind aus der Runde steht auf und tritt vor die Inschrift. Es beginnt diese zu lesen, erst langsam, dann immer schneller werdend, bis es sich in seinen eigenen Worten verfängt, innehält – und mit enttäuschtem Gesicht wieder seinen Platz einnimmt. Ein weiteres Kind steht auf ... und der Vorgang wiederholt sich. Ich schleiche näher und erreiche einen Platz, von dem aus ich die Inschrift entziffern kann:

Es ist das höchste Gut auf Erden, wenn man durch Worte zu überreden imstande ist, sowohl an der Gerichtsstätte die Richter, als in der Ratsversammlung die Ratsmänner und in der Gemeinde die Gemeindemänner, und so in jeder Versammlung, die eine Staatsversammlung ist. Denn, hast du dies in deiner Gewalt, wird der Arzt dein Knecht sein, der Turnmeister dein Knecht sein, und von diesem Erwerbsmann wird sich zeigen, daß er andern erwirbt und nicht sich selbst, sondern dir, der du verstehst zu sprechen und die Menschen zu überreden.

Georgias von Leontinoi in Sizilien

Und während ich erstaunt über das Alter dieser Inschrift (427 v.Chr.) in Gedanken über deren Aussage und Wahrheit versinke, werde ich entdeckt. Unter lautem Hurra!! ziehen mich kleine Arme in den Kreis und bittende Augen sehen zu mir empor.

»Bitte, kannst *du* denn nicht für uns diese Inschrift lesen. Wir versuchen es schon so lange – und schaffen es nicht.«

»Gerne, aber warum lest ihr denn so schnell? Versucht es doch langsamer – und ihr werdet es bestimmt schaffen.«

»*Du* meinst, daß wir zu schnell lesen? Wenn das stimmt, dann haben wir noch nie darüber nachgedacht, warum wir zu schnell lesen. Wir wußten auch nicht, daß wir zu schnell lasen. Wir haben nur gemerkt, daß wir es nicht schafften. Aber bitte, versuche *du* es doch. Bitte!«

»Gern will ich es versuchen.« *Ich* beginne langsam und spreche betont Wort für Wort aus. Als ich am Ende der Inschrift angelangt bin und mich zu den Kindern umwenden will, sind diese verschwunden. Da aber das Feuer noch brennt, lege ich mich nieder, um auszuruhen – und schlafe ein.

Das plötzlich die Gegend durchflutende Licht weckt mich. Das Feuer ist längst erloschen, nur schwach glühen noch einige Scheite. Ich esse etwas von meinen knapp bemessenen Vorräten und begebe mich dann weiter auf die Reise.

Nach einer Stunde schwierigen Weges durch die immer felsiger werdende Landschaft, die mich steiler bergan führt, erreiche ich ein großes Plateau.
Niedrige Büsche und Bäume wachsen hier dicht ineinander, und unwillkürlich fällt mir ein Buch ein, das von einem fernen Land Afrika handelt, von der Dichte des dortigen Dschungels. Ich setze meinen Weg fort.
Immer tiefer dringe ich in den grüner und dichter werdenen Bergdschungel ein. Das Gemisch vieler Stimmen aus Tierkehlen begleitet mich. Es wird immer wärmer. Und während sich plötzlich das dichte grüne Band öffnet und den Blick auf eine kleine, aber tiefe und unüberwindbare Schlucht freigibt, bemerke ich nicht, wie kleine Augenpaare mich aufmerksam mustern – und verfolgen.

Ich entscheide mich, der Schlucht bergan zu folgen, in der

Hoffnung, eine Stelle zum Übergang zu finden. So erreiche ich nach kurzer Zeit eine kleine Hängebrücke, deren Zugang allerdings durch ein massives Tor aus Holz, versehen mit einem großen ehernen Schloß, versperrt ist.

»Du willst wohl da hinüber«, höre ich hinter mir lachende Kinderstimmen. Ich wende mich um und erblicke eine Horde in Felle und Fetzen gekleideter Kinder, Mädchen und Jungen.

»Wir haben den Schlüssel, wir haben den Schlüssel!« rufen und singen sie lachend und tanzen im Reigen um mich herum. »Löse das Rätsel und du darfst weitergehen«, spricht plötzlich ein Mädchen, das durch ihre Größe und ihr Aussehen als die Älteste der Gruppe zu erkennen war.

»Nun gut«, sage ich, »stelle mir dein Rätsel, ich will es gerne versuchen.«

Da fängt das Mädchen an zu nuscheln und sagt kaum hörbar, aber mit geheimnisvollem Klang in der Stimme das Rätsel:

»Man kann es nicht sehen, nur hören, man kann es oftmals fühlen, aber nicht mit Händen fassen, es kann erheitern und doch wieder unendlich weh tun, es schenkt dir die größte Macht, wenn du es beherrschst, doch es läßt dich scheitern, wenn es durch andere über dir steht. Was ist das?«

Da erinnere ich mich der Inschrift, »hast du dies in deiner Gewalt, so wird der andere dein Knecht sein ... der du verstehst zu sprechen und die Menschen zu überreden (-zeugen)« – und antworte spontan:

»Die Sprache, die Macht der Sprache«

Da lachen und tanzen die Kinder wie wild, sperren das Schloß auf und geben den Weg über die Brücke frei. Dann verschwinden sie wieder im Dickicht der Büsche und Bäume.

Ja, das ist wahr, antwortete da der Freund. Die Sprache resp. die Kunst des Sprechens (Rhetorik = Wissenschaft von der kunstgemäßen Gestaltung öffentlicher Reden, Redekunst, Redebegabung) kann Macht für den bedeuten, der diese Kunst beherrscht. Gehe doch nur gedanklich zurück in die Geschichte der Menschheit, der fernen wie der nahen, wo durch Sprache die Menschen verzaubert, die Massen mobilisiert wurden.

Und doch bedeutet die Sprache auch die Grenze des Individuums Mensch. Was der Mensch in Worte fassen kann, das kann er auch begreifen, das ist seine Welt. Je mehr Worte der Mensch beherrscht, je mehr Sachverhalte er also definieren und erklären kann, um so weiter sind seine eigenen Grenzen gesteckt.

Ich habe *dir* vorhin auf einem kleinen Zettel einen ersten Merksatz niedergeschrieben, den ich *dir* nicht nur überreichen, sondern den ich noch um weitere Merksätze ergänzen will. Mag auch sonst in der Literatur der Inhalt der Rhetorik umfassender beschrieben sein, so merke *dir* jedoch, daß hierbei oftmals eine Vermischung der Rhetorik mit Methoden und Techniken der Dialektik geschieht sowie ebenso mit Erkenntnissen der Körpersprache oder mit Ausführungen über richtige psychologische Einstellungen und Einstimmungen. Diese Teile habe ich bisher getrennt und mit den Überschriften NLP, Positives Denken, Dialektisch psychische Grundeinstellungen (Kap. 3.9.) etc. fachlich getrennt beschrieben. Dies allein schon deshalb, da diese Methoden auch getrennt voneinander betrachtet – und geübt werden sollten.

Ich möchte *dir* an dieser Stelle ein Fundament der Rhetorik vermitteln, nämlich:

Das richtige Sprechen (Merksätze 1–5)

Den Gebrauch von Fremdwörtern in der Sprache

Gesprächstechniken

Die Anrede

...und

einige Worte über das **richtige Zuhören**, das doch genauso wichtig ist wie das richtige Sprechen. Beherrschst *du* diese Methoden und Techniken, so beherrschst *du* das Fundament der Sprache, der Rhetorik. Der Erfolg in der Anwendung ist *dir* dann schon gewiß.

6.1.1. Das richtige Sprechen (Merksätze 1–5)

Ich möchte *dir* gerne den Merksatz 1, den ich mir während *deiner* Erzählung notierte, vorlesen.

Merksatz 1: Achte auf dein Sprechtempo

Sprich niemals zu schnell – aber auch nicht zu langsam. *Trainiere dein Sprechtempo.* Dies ist die erste Regel, um Begeisterung in die Stimme zu legen, um andere mit Worten zu begeistern – und zu faszinieren.

Denke daran: »Gesagt bedeutet noch nicht gehört«

Je verständlicher *du* sprichst, desto besser kannst *du* gehört – und auch verstanden werden.

Mag *dir* dies jetzt auch einfach vorkommen, so denke doch daran, wie oft *dich* eine Rede anderer langweilte, wenn diese monoton in einer Stimmlage, in einem Sprechtempo, ohne Wechsel der Betonung referierten. Mache es besser!!

Variiere dein Sprechtempo, gemäß der Rede-Situation. Beginne eine Rede langsam und steigere *dich* dann allmählich. So schaffst *du Spannung* am Anfang, sprichst eindrucksvoll und signalisierst dann durch die Steigerung deines Sprechtempos *deine Begeisterung*. So wirkst *du* überzeugend.

Doch wenn *du dein* Sprechtempo steigerst, denke daran, *nicht zu schnell* zu sprechen. Und doch haben Tests eindeutig ergeben, daß es z. B. bei kurzen und argumentativ wichtigen Passagen einer Rede durchaus empfehlenswert ist, diese Stellen schneller und betonter zu lesen – ein höherer Überzeugungsgrad in den Zuhörern ist dann das Ergebnis.

Betone weiterhin schwierige Wörter, indem *du* diese in anderem Sprechtempo sprichst, langsamer und lauter oder – je nach Situation – betont und leiser aussprichst.

Generell: Ein zu hohes Sprechtempo führt meist zur Monotonie in der Stimme, bedeutet erhöhte Anstrengungen und bewirkt zudem noch oft Fehler in der Aussprache.

Sprechübungen zu Merksatz 1

Versuche doch einmal, diese Sätze schnell zu lesen!

Bald blüht breitblättriger Wegerich; breitblättriger Wegerich blüht bald

Fritz-Franz-Fräderich fragt frank und frei nach Fritz-Frank-Flederwisch

Esel essen Nesseln gerne, Nesseln essen eben diese Esel gerne

Fetter Speck schmeckt der Schnecke schlecht, schlecht schmeckt der Schnecke fetter Speck

Ein krummköpfiger grasgrüner kürbisgroßer grauer Karnikkelkopf klopft im Kropf kraß

Fischers Fritze fischt frische Fische, frische Fische fischt Fischers Fritz

Die Katze tritt die Treppe krumm, die Treppe tritt die Katze krumm

Blaukraut bleibt Blaukraut und Brautkleid bleibt Brautkleid

Wegen der Wecken weckt der Wecker den Bäcker, backe Bäcker Wecken

Wie oft eß ich Essig, eß ich Essig zum Salat

Wenn Fliegen hinter Fliegen fliegen, fliegen Fliegen fliegenden Fliegen nach

Brauende Bierbrauersburschen brauen brausend braunes Braunbiergebräu

Hinkende Helden hauen helle Hellebarden mit Handschuhen

Hinter Hansens Hühnerhaus hüpfen hundert Hasen hell zum Hansen raus

Am Scheibenschützenschießstandhaus schätzen Schützen Schießdistanzen

Merksatz 2: Achte darauf, deutlich zu sprechen

»Gehört bedeutet noch nicht verstanden« ... kann in diesem Fall auch bedeuten, daß das Gesagte anders gehört – und damit verstanden wird.

Wir sprechen heute vielmals zu wenig mit unserem ganzen Mund, d.h. wir vernachlässigen die deutliche Aussprache, indem wir ohne eine exakte Lippenbewegung sprechen.

Beispiel:

Lies einen Text laut vor – und nimm diesen mit einem

Tonband auf. Dann lies den Text nochmals vor, aber halte während des Lesens z.B. einen Stift zwischen den Zähnen. Somit zwingst *du dich* selbst, mehr mit den Lippen zu sprechen.

Lese nun den Text nochmals ohne Stift vor, nimm diesen zweiten Versuch ebenfalls auf Tonband auf – und vergleiche danach beide Ergebnisse.

Du wirst feststellen, daß *du* beim zweiten Mal, noch unter Einfluß der Übung, durch exakte Lippenbewegung viel deutlicher gesprochen hast als beim ersten Mal.

Erkenne die Bedeutung einer deutlichen Aussprache von *dir*. So kannst *du* dazu beitragen, daß dies, was *du* verbal aussendest, auch inhaltlich übereinstimmend empfangen wird.

Sprich deutlich

Ich möchte dies an einem weiteren Beispiel demonstrieren:

Du meinst: Schnell auf	Er versteht: Schnellauf
Du meinst: Oben fliegend	Er versteht: Oben liegend
Du meinst: Schnellt auf	Er versteht: Schnellauf
Du meinst: Schief Fahren	Er versteht: Ski-Fahren

Deutlich zu sprechen kannst *du* üben! Eine Übung ist die genannte Lippen-Übung. Eine weitere einfache Übung hierzu ist, wenn *du* in Zukunft dazu übergehst, Texte aus Büchern und Zeitungen bewußt unter dem Einsatz *deiner* Lippen laut vorzulesen. Achte hierbei aber bereits darauf, daß *du* die Erkenntnisse des Merksatzes 1 und die des Merksatzes 2 kombiniert anwendest.

Merksatz 3: Achte auf die adäquate Melodie

Zusätzlich zum richtigen, zum situationsadäquaten Sprechen – denn *du* wirst in Zukunft nur die Argumente besser (und deutlicher) betonen, die auch *deine* guten Argumente sind – und zusätzlich zum richtigen Tempo in der Sprache solltest *du* auf *deine Sprachmelodie* achten.

Eine Trauerrede mußt *du* anders halten als eine Rede vor einem Publikum, das *du* begeistern willst.

Überlege *dir* nur, welche Musik im Hintergrund spielen müßte, sollte diese die Situation unterstreichen – und spiegele dann die Musik in *deiner* Stimme. Versuche, dir die Emotion der Situation vorzustellen – und lebe darin, spreche darin.

Merksatz 4: Achte auf die Pausen

Pausen erleichtern *dir* das Sprechen und lassen *dich* Luft holen – damit *dir* diese nicht plötzlich bei *deinem* wichtigsten Argument ausgeht.
Überlege *dir* vorher schon, an welcher Stelle *du* eine Pause machen willst. Markiere *dir* die Stelle im Text, oder schreibe *dir* dazu ein Stichwort auf.

Beginne deine Rede stets mit einer Pause

Pausen schaffen Spannung – und *du* willst doch, daß man *dir* zuhört. Gleichzeitig dienen Pausen dazu, *deinem(n)* Zuhörer(n) die Möglichkeit zur eigenen Argumentation zu geben, zur Frage, oder einfach nur zum Überdenken *deiner* Argumentation. Der Zuhörer benötigt diese Zeit, um das Gehörte auf sich wirken zu lassen, es verarbeiten zu können.

Haben wir eine humorvolle Rede entworfen, so ist die Pause allein schon dadurch wichtig, daß wir unserem Publikum die Zeit zum Lachen lassen – und das Publikum nicht verbal überrennen.

Auch hier gilt: übenübenüben, Verzeihung, üben – üben – üben!

Merksatz 5: Verbessere deine Sprache – trainiere dein Gedächtnis

1. Lesen

»Lesen bildet«. Dieses alte Sprichwort kommt nicht von ungefähr. Lies gute Bücher. Analysiere die verwendete Sprache. Ergänze *deinen* Wortschatz – und erweitere damit die Grenzen *deiner* Welt.
Betrachte das Lesen als eine gute Möglichkeit, die Kenntnisse (Merksatz 1–5) anzuwenden.

2. Nacherzählung

Versuche immer wieder, einen gelesenen Text (aus der Zeitung oder einem Buch oder aus einer Nachrichtensendung etc.) nachzuerzählen. *Du* wirst merken, daß *du* zu Beginn große Schwierigkeiten haben wirst, *dir* alle wichtigen Einzelheiten eines auch kurzen Textes zu merken.
Diese Übung kannst *du* auch mit dem Tonband machen. Lies einen Text vor – und versuche danach die Nacherzählung. Höre dann das Tonband ab – und vergleiche.

3. Ergänzung

Streiche Wörter aus einem Text, den *du* vorher (kopiert! und) laut vorgelesen hast. Versuche dann während des nochmaligen Lesens, die geschwärzten Worte aus dem Gedächtnis zu ergänzen. Kontrolliere *dich* über die Kopie des Textes.

4. Gedächtnistraining

»Das habe ich doch gar nicht gesagt!« Wie oft fällt solch ein Satz in einer hitzigen Diskussion. Hast *du* als Gegenüber einen geübten Rhetoriker, der sich *deine* Worte und Argumente, *deine* Definitionen und Anschauungen merken konnte, so wird dieser *dich* stets darauf hinweisen, wenn *du* plötzlich eine andere Meinung vertrittst – und *dich* dadurch bloßstellen. Ist *dein* Gegenüber ein Dialektiker, gar ein unfairer Dialektiker, so wird er *dir deine* Meinungen verdreht, als Halbwahrheiten oder gar als teilweise Unwahrheiten, in den Mund legen, mit dem Ziel, *dich* zu verunsichern, *dich* zur »Breitseite« zu verlocken, also *dich* zur Rechtfertigung zu verleiten – um *dich* danach bloßzustellen.

Also: Trainiere *dein* Gedächtnis. In späteren Diskussionen oder Streitgesprächen sowie in geschäftlichen Sitzungen solltest *du* stets wissen, wie *du* was gesagt hast und wann, also bei welcher Gelegenheit. Gleichsam solltest *du dir* merken können, welche Argumente *dein* Gegenüber hat.

Übe diese Fertigkeit, wann immer *du* kannst. Beim Lesen einer Zeitung, indem *du dir* versuchst, das Wesentliche zu merken (Kennzeichnen von Schlüsselworten durch »Text-Liner«). Oder vor einem Gemälde, das *du* kurz betrachtest, um *dir* dann dessen »Inhalt« wieder vor das »innere Auge« zu rufen.
Lerne *dich* auf das Wesentliche zu konzentrieren. So wird *deine* Argumentation besser, *du* läufst niemals Gefahr, *dein* Konzept zu verlassen, bist gewappnet gegen jeden dialektischen Angriff (auf die Breitseite) – und vermeidest damit Fehler in *deiner* Gesprächsführung.

● Gedächtnistraining mit Worten:

Lies zuerst nur fünf Worte laut vor. Decke dann diese fünf Worte ab und wiederhole die Worte in der richtigen Reihenfolge (Kontrolle über Tonband oder schriftliche Aufzeichnung).

Wiederhole die Übung, bis *du dir* fünf Worte (leicht) merken kannst. Dann decke die restlichen fünf Worte auf und wiederhole die Übung, diesmal allerdings mit allen zehn Worten:

–	Blut	–	Ameisenbär
–	Blitz	–	Einsparungspotential
–	Block	–	Entgleisen
–	Blick	–	Vollstreckbarkeit
–	Blond	–	Schwimmanstalt
–	Blind	–	Enteisen
–	Buch	–	Hongkong
–	Bleich	–	Moral
–	Blei	–	Gesetzesentwurf
–	Blau	–	Schwemmboden

Wir wissen, daß es leichter ist, eine selbst erlebte Geschichte zu erzählen, als eine Rede vor z. B. einem Entscheidungs-Gremium zu halten. Dies liegt vor allem darin begründet, daß wir bei der Nacherzählung unserer selbst erlebten Geschichte oder auch einer Geschichte, die wir als Gehört oder Gelesen nun weitererzählen, auf unsere eigenen *Bilder* oder *Gefühle* oder auf die gespeicherten *Klänge* oder *Gerüche* zurückgreifen können. So erscheint es uns hier leicht, Leben in eine Rede zu bringen, wenn vielleicht noch in uns selbst das Gefühl (Palmen am Meer) schwingt.

Sachliche Themen jedoch sind nüchtern. Und dennoch wollen wir überzeugen, verkaufen, verhandeln. So ist es die Sprache, die bei geschickter Anwendung auch ein fachlich-nüchternes Thema lebendig gestalten kann. Ich kenne viele Menschen, die eine Naturgabe besitzen, einfache und im Grunde langweilige Themen in einen mitreißenden Vortrag zu verwandeln.

Durch die Variation der Sprache, durch Wiederholung von Argumenten des Gesprächspartners, die ihm unser Interesse zeigen, also durch die Anwendung der Merksätze 1–5, können wir einen entscheidenden Schritt tun, Begeisterung und damit Leben in unsere Sprache zu bringen.

6.1.2. Sprich mehr als nur anschaulich

Vielfach wird in der Literatur zum Thema Rhetorik vorgeschlagen, »auf alle Fälle anschaulich«, also in Bildern, zu sprechen. Ziel soll sein, die Rede oder den Vortrag durch Bilder mit »Leben« zu erfüllen.
So habe ich unlängst mit großem Interesse einen Artikel in einer bekannten deutschen Zeitschrift verfolgt, wo ich den beiden Autoren über weite Strecken ihrer fachlichen Abhandlung nur zustimmen und ihnen gratulieren konnte, gleichzeitig mir aber die Frage stellte: Ist »anschaulich sprechen« denn schon alles?

Schon alleine ein kleines Grundwissen über NLP (Neuro-Linguistisches-Programmieren; s. Anhang) genügt doch bereits, um diese Empfehlung der Autoren zu widerlegen.

»Der hat ja nicht alle sieben Sinne beisammen«, stimmt an dieser Stelle nicht ganz, geht man doch bei einer von vielen Erkenntnissen aus der Welt des NLP von vier sinnesspezifischen Ausprägungen des Menschen aus – die »visuelle – sprechen Sie anschaulich« ist nur eine davon.
Der sich heute oft sprachlos bis sprachdegeneriert fühlende Mensch greift dann zu guter Letzt nicht einmal mehr auf diese vier Sinne zurück, zwei genügen, so glaubt er.

Laß *dir* doch einmal von einem Freund oder Bekannten den letzten Urlaub und seine Eindrücke erzählen. Sehr schnell wirst *du* bemerken, daß entweder nur z. B. von:

- Bildern und Gefühl – Sonnenuntergang

oder von

- Bildern und Gerüchen – Pizza

gesprochen wird. Wie erstaunt wird der Erzählende sein,

hinterfragt man z.B. im ersten Fall, »welche Klänge und Stimmen« zu hören waren, welche »Gerüche« zu bemerken waren.

Und oftmals ist es dann erst die Frage von »außen«, die den entscheidenden Anstoß dazu gibt, auch diese Eindrücke zu schildern.

Und doch hat der Erzählende auf allen vier Sinneskanälen Reize und Signale empfangen:

A: Visuell – Sehen, Bilder

B: Auditiv – Hören, Sprechen, Klänge, Musik

C: Kinästhetisch – Gefühl, Begreifen, Fühlen

D: Olfaktorisch – Riechen, Schmecken

Doch eine erfolgreiche Kommunikation im Sinne des erfolgreichen Überzeugungstransfers kann nur zustande kommen, wenn auch der richtige Kanal des Empfängers getroffen ist. Wer also nur den Rat befolgt, »anschaulich« zu sprechen, der kann im Einzelfall am Publikum dergestalt ›vorbeisprechen‹, daß es ihm nicht gelingen wird, Begeisterung im Publikum zu erzeugen. Der Vortragende wird zwar verstanden – und doch hat er das Publikum nicht »angesprochen«, emotional nicht bewegt.

Diese sinnesspezifischen Ausprägungen zeigen sich zum einen in Augenbewegungsmustern (s. Anhang), zum anderen in der Wahl der Worte. Der »visuell« Veranlagte wird meist so sprechen, daß er die Dinge auch so sieht, sich ein Bild davon machen kann etc.

Also: Verwende in *deiner* Sprache diejenigen Elemente, die dazu dienen, *alle* Sinnesorgane anzusprechen. Schildere nicht nur in Bildern, sondern verwende gleichzeitig auch Worte aus den Bereichen

- Musik, Klang, Stimme
- Gefühl, Fühlen, Begreifen
- Riechen, Schmecken etc.

Dann findest *du* den Draht zum Visuellen, die Tonfrequenz zum Auditiven und sprichst die Gefühlswelle des Kinästheten an. Wenn der Olfaktorische den Braten nicht schon von weitem riecht.

6.1.3. Gebrauch von Fremdwörtern in der Sprache

Merke *dir* die eiserne Regel:

Verwende niemals ein Fremdwort in *deinem* Wortschatz, welches *du* selbst nicht definieren kannst – oder dessen Bedeutung *du* nicht weißt. Denn nichts ist peinlicher, als darauf aufmerksam gemacht zu werden.

Um auch »...verstanden...« zu werden, bedarf es nicht der Verwendung komplizierter Fremdwörter. Dennoch spricht nichts dagegen, wenn *du dir* einen kleinen Wortschatz an Fremdwörtern zulegst, die z.B. allgemein akzeptiert sind. Doch übertreibe hierbei nicht!

Wie schnell es gehen kann, daß man ein z.B. englisches Verb falsch verwendet, mag *dir* dieses sicher heitere Beispiel zeigen:

> In einem amerikanischen Restaurant wurde ein deutscher Kellner darauf aufmerksam gemacht, daß er bei Vorlage der Speisekarte den Gästen zusätzlich als neue Beilage (noch nicht auf der Speisekarte) ein Blaukraut anbieten solle. Der Kellner verwendete dafür das Wort »red garbage« anstelle von »red cabbage« – und bot den verdutzten Gästen Müll statt Blaukraut an. Der Lacherfolg war ihm so gewiß, auch wenn dieser keinesfalls bewußt herbeigeführt war.

Peinlich kann es jedoch sein, wenn »ich mich heute schrecklich über etwas *alterniert* (ablösen) habe«, anstelle von *alteriert* (ärgern).

Grundsätzlich gilt bei Fremdwörtern:

- Sinnvoll einsetzen
- Nur die Fremdwörter verwenden, die *du* verstehst
- Lieber »sparsam« als »geschwollen« verwenden

Denn ...

- Falsche Verwendung kann peinlich sein
- Falsche Verwendung kann erheitern
- Tempulateriere nicht in der Sprache

Und ...

wenn *du* ein Fremdwort nicht verstehst, dann frage nach!!!

Wenn *du* diese Prinzipien verstanden hast, sie *dir* zu eigen machst, dann hast *du* bereits ein Fundament der Rhetorik geschaffen, das *dir* ermöglichen wird, andere durch eine begeisternde und mitreißende Sprache selbst zu begeistern.

Hast *du* noch Fragen zu diesen Punkten?

Nein!

Wirklich nicht? Dann beantworte mir doch bitte die Frage: Was bedeutet tempulateriert?

Ääh! Soviel wie die richtigen »Zeiten« verwenden?

Nein! Es gibt dieses Wort nicht, ich habe es für *dich* und zu *deiner* Kontrolle erfunden – also nochmals:

Wenn *du* ein Fremdwort nicht verstehst, frage nach!!

Neben einer oftmals peinlichen Verwendung eines »falschen« Fremdwortes kann auch eine unangemessene oder falsche Anrede der Person dazu führen, daß wir bei unserem Gegenüber eine negative Emotion »erschaffen«.

6.1.4. Die Anrede

Abgesehen von den vielfach komplizierten Anreden des Adels – auf die ich aber nicht näher eingehen möchte – ist z.B. in Deutschland die richtige Anrede eine doch einfache Angelegenheit. Daß zur Anrede der Name der Person hinzugehört, ist selbstverständlich.

Wenn du also den Namen eines Geschäftspartners nicht verstehst, so frage nach, notfalls läßt du ihn dir buchstabieren.

Der Name ist die Kontaktbrücke. Über ihn sprichst du den Menschen persönlich an, sprichst seine emotionale Ebene, also die Ebene des Gefühls an.

Verwende den Namen häufig in der Anrede, und ersetze ihn nicht durch das unpersönliche »Sie«.

Denke stets daran:

ca. 90% der Entscheidungen fallen auf der Emotionsebene.

Also: Sprich diese Ebene der emotionalen Beziehung an, und gewinne auf dieser Ebene, dann ist der Gesamterfolg (fast) gewiß.

1. Ein jeder Mensch fühlt sich »angesprochen« und beachtet, wenn er mit seinem Namen, zu dem auch der Titel gehört, angesprochen wird.

2. Die Kenntnis eines komplizierten Namens oder des Ti-

tels zum Namen zeigt dem Gesprächspartner, daß man sich mit ihm befaßt hat, ihm also Interesse entgegenbringt.

Aber ist es denn nicht so, daß gerade dieses Thema immer mehr zum Reiz-Thema wird? Ich denke hier besonders an die Verwendung des Titels (akademisch) zum Namen.

Du hast recht – leider. Und doch ist es so, daß z.B. der Titel »Dr.« mehr als nur ein Titel ist. Er ist (meist!) erworben durch eine ordnungsgemäße Promotion, also durch akademische Arbeit. Der so erarbeitete Titel zählt als Namensbestandteil – und muß somit auch in der Anrede verwendet werden.

Aber vielfach legen die Herren »Doktoren« keinen persönlichen Wert darauf, mit »Herr Doktor...« angesprochen zu werden!

Richtig! Aber dies obliegt ganz alleine der Entscheidung des Titelträgers und sollte nicht von vorne herein vermutet werden. Eine Streitfrage übrigens in vielen meiner Seminare.

Und doch gilt:

Der Titel als Namensbestandteil gehört zur Anrede. Erst wenn unser Gegenüber uns signalisiert, daß er keinen persönlichen Wert auf die Anrede mit »Herr Doktor...!« legt, erst dann können wir darauf verzichten.

Doch was in Deutschland noch gilt bei...

Titel und Name	Anrede
Dr. Buch	Herr Doktor Buch
Dr. Dr. Buch	Herr Doktor Buch
Prof. Dr. Buch	Herr Professor Buch

verkompliziert sich z. B. in Österreich folgendermaßen:

Prof. Dr. Buch	Herr Dr. Buch
Prof. univ. Dr. Buch	Herr Professor Buch
Sektionschef Blatt	Herr Sektionschef
Prokurist Blatt	Herr Prokurist Blatt
Direktor Blau	Herr Direktor Blau
Amtsrat Huber	Herr Amtsrat
Abteilungsleiter Grün	Herr Grün
Geheimrat Bunt	Hr. Geheimrat (Bunt)

etc.

wohingegen in Österreich wiederum der Adelstitel abgeschafft wurde, außer: der Titel zählt als Bestandteil des Namens.

Doch merke dir:

Schon allein die Höflichkeit schreibt uns vor, diese Konventionen zu beachten. Um alle weiteren Diskussionen an dieser Stelle abzukürzen, beachte wieder die Tatsache:

90 % der Entscheidungen fallen auf der emotionalen Ebene

... und dort müssen wir gewinnen, wollen wir erfolgreich sein.

6.1.5. Gesprächstechniken

Gesprächstechniken sind nicht die Sprüche eines Showmasters, sondern dienen dazu

Vertrauen zu erwecken ... und zu gewinnen

unfairen Angriffen zu begegnen

zu Ent-Emotionalisieren

sich selbst positiv darzustellen

zu überzeugen

Zeit zum Überlegen zu gewinnen

...und Sicherheit im Reden zu erreichen

So kann der Mitarbeiter durch einfache Wiederholung einer Anweisung seinem Vorgesetzten deutlich zeigen, daß er ihn verstanden hat – was immer er auch gedacht haben mag. Der Vorgesetzte bleibt jedenfalls mit dem Eindruck zurück, »mein oder dieser Mitarbeiter versteht, was ich meine«. Bevor ich *dir* jedoch einige der bekanntesten Gesprächstechniken erklären möchte, muß folgendes feststehen:

Verwende niemals eine Gesprächstechnik zu häufig in einer Diskussion oder einem Streitgespräch. Sie verliert dadurch nicht nur an Wirkung, sondern wirkt dann einstudiert – und kann im Extremfall die Emotion des Gesprächspartners von »Begeisterung« in »Mißfallen« verwandeln. Setze die Techniken also stets gezielt ein.

A: Der Schallplatten-Effekt

Die Technik besteht darin...

Darf *ich* dich an dieser Stelle unterbrechen?

Ich glaube, daß ich im Traum in eine Situation kam, die

genau von dem, was ich selbst glaube, unter diesem »Schallplatten-Effekt« zu verstehen, handelte. *Ich* würde gerne an dieser Stelle für kurze Zeit meinen Traum weitererzählen.

Gerne!

...Sokratissimo setzte seine Wanderung fort. Diesseits der Brücke, also nach erfolgreicher Überquerung der Schlucht, begann sich der dichte grüne Wuchs immer mehr zu lichten. Und je mehr die Büsche und Bäume wieder den Felsen weichen mußten, um so kälter wurde es. Längst hatte ich die Jacke wieder an. Immer öfters mußte ich rasten, um meinen Füßen, die von der ungewohnten Wanderung von Blasen übersät waren, wenigstens für kurze Zeit Linderung und Ruhe zu gewähren.

Der Blick zurück in das Tal meines Daseins war mir nicht mehr möglich. Blickte ich zurück, so sah ich nur mehr das dichte Grün, von dem das Plateau bedeckt war. Blickte ich nach oben, so erschien die Wolkendecke immer drohender über mir zu schweben. Immer schwerer fiel es mir, mich zu motivieren – und doch gelang es mir noch, die düsteren Gedanken des Warum!, gekoppelt mit dem angenehmen Wunsch zur Umkehr, zu verdrängen.

Als ich mich wieder für eine kleine Rast auf einem Felsstück niedergelassen hatte, hörte ich eine wispernde Stimme, die vor mir aus einer Felsennische zu kommen schien.

»Nun komm doch weiter, folge mir. Ich kann *dir* einen Weg zeigen, der *dich* schneller an *dein* Ziel bringt. Habe nur Vertrauen, komm!«

»Ist das wahr?« fragte ich. Und es wurde mir bewußt, wie dankbar ich wäre, würde mir jemand helfen, schneller an mein Ziel zu gelangen.

»Sicher, *du* mußt mir nur folgen. Ich helfe jedem, der den

Mut aufbringt, den Berg zu bezwingen. Dies ist meine Aufgabe, vertraue mir.«

Ich folgte der Stimme. Und während ich die Felsnische betrat und darin verschwand, hörte ich vor mir Schritte. Ich folgte dem Klang. Und bald war von Ferne ein Rauschen zu vernehmen, als wenn ein gewaltiger Strom sich seinen Weg durch den Felsen mit aller Kraft bahnen würde. Der Felsgang wurde höher und breiter – und gab mich plötzlich frei. Ich stand vor einem Fluß, der sich mächtig durch die Felsen hindurch seinen Weg nach unten gebahnt hatte. Auf der anderen Seite war undeutlich ein Weg zu sehen, der weiter nach oben führte – direkt in die Wolkendecke hinein.

Und wieder hörte ich die wispernde Stimme, ohne den Klangkörper dazu zu Gesicht zu bekommen.

»Du mußt nur an der schmalsten Stelle dort unten den Fluß durchqueren. Er ist nicht tief an dieser Stelle, so daß keine Gefahr für *dich* besteht. Verfolgst *du* dann den Weg auf der anderen Seite nach oben, so bist *du* bald am Ziel.«

Ich betrachtete den Fluß, dessen braune Farbe keinen Blick auf den Grund zuließ. Und plötzlich fiel mir die Warnung meines Freundes Maslow ein: »Schwimme nicht gegen einen Strom, wenn dessen Wasser nicht klar ist.« Dieses Wasser war nicht klar. Und doch müßte ich gegen den Strom schwimmen, um von ihm nicht abwärts gespült zu werden. War es überhaupt wahr, daß ich dort, an der schmalen Stelle, stehen könnte. Meine Zweifel wurden immer größer.

Und ich bemerkte, daß ich fast dem Ratschlag eines unbekannten Menschen gefolgt wäre, ohne über dessen wahre Absichten in Gewißheit zu sein.

Und so verstand ich immer mehr die Warnung meines Freundes. Es macht nur dann Sinn, um etwas zu kämpfen, sich gegen eine andere Kraft zu stellen, wenn man genau weiß, warum man dies tut. Ist das Wasser aber trübe und somit die wahre Absicht nicht erkennbar, die Wahrheit also im Verborgenen, so tut man besser daran, seine Kraft nicht zu vergeuden.

Und ist das Wasser tiefer als versprochen, so würde es mich hinwegreißen, mich einer fremden Gewalt aussetzen. Unweigerlich würde es mich hinwegspülen, zurück, den Berg hinunter, irgendwohin, nur sicher nicht an den Anfang meiner Reise. Vielleicht tiefer hinab.

»Zeige dich doch, ich möchte mich mit dir näher unterhalten, mir von dir einen Ratschlag holen, wie ich dort drüben weiterzugehen habe.«

»Ich darf mich nicht zeigen«, wisperte da die Stimme. »Ich darf *dir* nur helfen, also komm, verliere keine Zeit, bevor der Strom anschwillt.«

»Du willst mich täuschen! Niemals würde ich das andere Ufer erreichen. Du bist einer von jenen, die auf dem Weg zum Gipfel gescheitert sind. Und nun bist du von Neid besessen, daß andere das erreichen könnten, woran du gescheitert bist. Nein! Du kannst mich nicht täuschen. Wären deine Absichten ehrlich, so würdest du dich zeigen.«

Und kaum hatte ich diese Worte ausgesprochen, da steigerte sich die wispernde Stimme zum enttäuschten Geheul einer aufbrechenden Aggression – und verschwand darauf. Ich kehrte den Weg durch die Felsnische zurück und setzte meinen Aufstieg fort.

Kaum war ich ein Stück gegangen, als ein kleiner Junge hinter einem Felsen hervorsprang. Seine Haare waren struppig und hingen ungeordnet in sein schmutziges Gesicht. Und doch strahlte er und sagte lachend zu mir: »Schön, *dich* zu sehen, was tust *du* hier?«

»Ich will den Berg bezwingen!«

»Ich will den Berg bezwingen«, äffte er mich nach.

»Ja,« sagte ich,« ich bin auf dem Weg zu meinem eigenen Erfolg, auf der Suche nach der Beantwortung meiner Fragen.«

»*Du* bist auf dem Weg zu *deinem* eigenen Erfolg, auf der Suche nach der Beantwortung *deiner* Fragen«, sprach er wieder.

»Das sagte ich doch schon!«

»Ja, das sagtest *du* schon.«

Ich wurde zunehmend wütender. »Ja, das sagte ich!«

»Ich weiß, *du* sagtest es.«

»Nun ist es genug. Ich möchte jetzt weitergehen! Halte mich also nicht länger auf. Ich habe noch einen langen Weg vor mir.«

»Du glaubst also, daß es nun genug ist. *Du* möchtest jetzt weitergehen! Ich soll *dich* also nicht länger aufhalten. *Du* hast noch einen langen Weg vor *dir*.«

»Das sagte ich doch schon!«

»Ja, das sagtest *du* schon.«

Da drehte ich mich einfach um, ließ ihn stehen ... und setzte meinen Weg fort. Als ich mich nach einer kleinen Weile umdrehte, war der Junge verschwunden – ich aber noch immer ärgerlich.

An dieses Erlebnis meines Traumes mußte ich zurückdenken, als du vom »Schallplatten-Effekt« sprachst.

Sagtest du nicht, daß diese Gesprächstechniken »entemotionalisierend« wirken? Ich habe allerdings eine gegenteilige Erfahrung gemacht und kann dir dadurch nicht zustimmen.

Oder täusche ich mich hier?

Du täuscht *dich* nicht! Erinnere *dich* an meine Worte:

Setze diese Gesprächstechniken sparsam ein – und gezielt.

Und doch bin ich um *deinen* Einwurf sehr froh. Zeigt er doch deutlich die Grenzen dieser »kontrollierten wörtlichen Wiederholung« einer Aussage innerhalb der Kommunikation.

Technik des Schallplatten-Effektes

...als wie wenn eine Musik sich immer wiederholt, weil die Nadel durch den Kratzer in der Platte wieder zurückgezogen wird...

Ich möchte *dir* den Ablauf und die Varianten dieser Technik an einem Fallbeispiel verdeutlichen, wobei *dir* das Beispiel durchaus bekannt vorkommen wird.

Standpunkt A

> ...Bei einer Erfüllung der Prämissen A und B sind somit bereits 70% der Prämissen erfüllt. Durch die 60%ige Erfüllung der Prämissen C kann also von der sehr hohen Erfüllung aller Prämissen A, B und C von ca. 90% ausgegangen werden. Somit dürfte die Entscheidung für die Firma Sekundär gefallen sein...

Standpunkt B

1. Eingangsformulierung

- Sie sind also der Meinung, daß...
- Wenn ich Sie richtig verstanden habe, dann sind Sie der Meinung, daß...
- Sie unterstellen bei Ihrer Ausführung, daß... (Angriff!)

2. Wiederholung der Aussage von A

...bei einer Erfüllung der Prämissen A und B somit bereits 70% der Prämissen erfüllt sind (wären). Durch die 60%ige Erfüllung der Prämissen C könnte also von der sehr hohen Erfüllung aller Prämissen A, B und C von ca. 90% ausgegangen werden...

...und letztlich schließen Sie daraus, daß damit ...die Entscheidung für die Firma Sekundär gefallen sein dürfte...

3. Antwort von B

3.1. Als Frage:

- Wie erklären Sie sich dann ...??
- Könnten Sie uns diese Logik näher erläutern??
- Gibt es hierzu Dokumente, aus denen ...??

3.2. Als Argument:

- Ich schließe mich Ihrer Meinung nur in diesem Punkt an...!!
- Ich hingegen bin der Auffassung, daß...!!
- Meine Position dazu ist, daß...!!

3.3. Als Angriff:

- Bleiben Sie ruhig bei dieser Auffassung, obwohl die Tatsachen...!!

3.4. Als Alternativ-Antwort:

Hierzu können zwei Standpunkte vertreten werden,

1. ...
2. ...

wobei ich mich...

- der Alternative 1 anschließe
- der Alternative 2 anschließe
- keinem von beiden Standpunkten anschließe, sondern...

Ziel dieser Technik ist es...

A: Zeit zu gewinnen für die eigene Antwort

B: Vertrauen zu erwecken, da ich in der Lage bin, das Argument meines Gesprächspartners wörtlich zu wiederholen

C: Mein Interesse an der Meinung des Gesprächspartners zu zeigen

D: Zu zeigen, daß ich zugehört habe – verstanden habe

E: Zu Ent-Emotionalisieren wie auch ...

F: eine Basis für einen Gegenangriff zu schaffen

Vorsicht aber!

Nicht immer wirkt die wörtliche Wiederholung automatisch ent-emotionalisierend – das Gegenteil davon kann der unerwünschte Effekt sein.

Als Regel gilt:

Je emotionsgeladener die Aussage ist, desto weniger wirkt die wörtliche Wiederholung ent-emotionalisierend.

Man stelle sich einen Tennisspieler vor einer Übungswand aus Beton vor: Der hart gespielte Ball kommt auch hart zurück!

Folgende Darstellung soll *dir* zukünftig ein Leitfaden sein, wann *du wie* den Schallplatten-Effekt für *dich* nutzbar machst.

1. Sachargument

Es gilt die dargestellte Technik der Beantwortung bei wörtlicher Wiederholung des Sachargumentes, also:

Eingangsformulierung

wörtlich exakte Wiederholung der Aussage

Antwort

2. Argument leicht emotional aufgeladen

Es gilt die dargestellte Technik der Beantwortung bei wörtlicher Wiederholung des Sachargumentes mit folgender Ergänzung:

Eingangsformulierung

wörtlich exakte Wiederholung der Aussage

bei

Abgeschwächter Betonung der emotional besetzten Worte

Antwort

Ziel ist, dem Gesprächspartner die eigenen emotionalen Worte wieder in abgeschwächter Form (durch Stimmlage, Sprachmelodie, Sprechtempo, Betonung) »zurückzugeben«, d.h. auf ihn wirken zu lassen.

Diese gespiegelten Worte werden dann vom Gesprächspartner in der abgeschwächten und »ent-emotionalisierten« neuen Form aufgenommen.

3. Argument stark emotional aufgeladen

Es gilt die dargestellte Technik der Beantwortung bei veränderter Wiederholung des Sachargumentes in der Wortwahl, jedoch nicht inhaltlich.

Beispiel:

Aussage A:

Bei ihren geringen Fähigkeiten zur Selbsteinschätzung mußte es doch zwangsläufig soweit kommen, daß Sie durch plumpes und arrogantes Auftreten genau den Auftrag »verderben«, der für unser Unternehmen den Einstieg in eine neue Branche bedeutet hätte.

Aussage B:

Ich verstehe ihre Erregung. Sie sind also der Meinung, daß ... meine Verhandlungstechnik beim Kunden dazu beigetragen hat, daß unser Kunde sich letztlich doch für das Konkurrenzprodukt der Firma XY entschieden hat ... Doch gerade hier ist es eine Tatsache, daß...

Also:

Eingangsformulierung

inhaltliche Wiederholung der Aussage

bei

veränderter Wortwahl und abgeschwächter Betonung

der emotional besetzten Worte

Antwort

Ziel ist, dem Gesprächspartner *nicht* die eigenen emotionalen Worte wieder »zurückzugeben«, d.h. auf ihn nochmals aggressiv stimulierend wirken zu lassen. Es gilt, eine »harmlosere« Formulierung zu finden bei Vermeidung emotional besetzter Wörter und bei gleichzeitig abgeschwächter Form (durch Stimmlage, Sprachmelodie, Sprechtempo, Betonung). Diese neugespiegelten Worte werden dann vom Gesprächspartner in der abgeschwächten und »ent-emotionalisierten« neuen Form aufgenommen.

Du siehst, daß der Schallplatten-Effekt nicht immer in einer standardisierten Form angewandt werden darf.

B. Der Pausenfüller

...Reden ist Silber, schweigen ist Gold...

...Hast du nichts zu sagen, so verhalte dich auch danach...

In vielen Situationen des beruflichen wie privaten Lebens kann der Mensch sich getreu dieser Devisen verhalten. Es spricht nichts dagegen, zu schweigen, eine Pause zu nehmen, wenn wir uns auf eine Frage oder auf ein plötzliches Argument erst gedanklich einstellen müssen. Im Gegenteil, diese Haltung (Körpersprache des Denkers) zeigt dem Gesprächspartner, daß wir uns ernsthaft mit dem (seinem) Problem auseinandersetzen.

Und doch kann es Situationen geben, in denen eine sofortige Antwort von uns gefordert ist.

»...und ich könnte gut verstehen, wenn Sie keine Antwort auf meine Argumente gegen ihr Produkt hätten...«

Hier ist unsere Spontanität gefordert – und ein jeder, der mit dem besagten »Mutterwitz« ausgestattet ist, wird sich leicht in der spontanen Beantwortung einer solchen Frage sowie der sofortigen Argumentation tun.

Überrumpelt uns der Gesprächspartner jedoch oder haben wir eben nicht die besagte Fähigkeit zur Spontanität, so kann das »Überlegen« als Zögern, das »Nachdenken« als Unsicherheit gedeutet werden – und unserem »Verhandlungsgegner« die Möglichkeit zur dialektischen Attacke eröffnen.

Für diesen konkreten Fall machen wir uns die Technik des Pausenfüllers zunutze, um eben diese unangenehme Zeit (Pause), die zwischen der Herausforderung und dem Abschluß unseres Denkvorganges verstreicht, rhetorisch gekonnt füllen zu können.

Auf die Herausforderung...

»...und ich könnte gut verstehen, wenn Sie keine Antwort auf meine Argumente gegen Ihr Produkt hätten...«

...entgegnen wir mit dem Luftballon:

»...Vielen Dank für Ihren Einwurf. Hier stellt sich natürlich die interessante Frage nach...«

oder ...

»...Ich freue mich, daß ich auf diese Weise Gelegenheit erhalte, Ihnen...«

Du siehst, es geht nur darum, die unangenehme Pause mit einer Floskel zu überbrücken. Diese Anwendung trägt *drei Vorteile* in sich, obwohl ich selbstverständlich weiß, daß die Anwendung dieser Technik dazu dient, das Gespräch unnötig aufzublähen. Doch letztlich zählt in diesem kritischen Moment einzig unser Erfolg.

Vorteil 1:

Du gewinnst die notwendige Zeit zum Überlegen. *Du* kannst *dir* im Rahmen des *Sprech-Denkens* (während ich spreche, überlege ich bereits den nächsten Satz, das nächste Argument, den nächsten rhetorischen oder dialektischen Schachzug etc.) bereits *deine* Argumentenkette aufbauen, *deine* Antwort formulieren und überprüfen.

Vorteil 2:

Indem *du* die Technik des Pausenfüllers anwendest, gewinnst *du* nicht nur Zeit zum Überlegen, sondern baust eventuell auftretende *Streß-Barrieren* sofort wieder ab. Der Bann ist dadurch gebrochen, daß *du* selbst sofort sprechen resp. antworten kannst.

Später wirst *du* erkennen, daß allein schon das Wissen um die jederzeitige Anwendung dieser Technik *dir* Selbstsicherheit geben wird.

Vorteil 3:

Nachdem *du dir* selbst nun mögliche Antwortvarianten überlegt hast, wie...

»...Dies ist eine interessante Frage...«

»...Ich habe gehofft, daß Sie diese Frage an mich stellen, und...«
»...Vielen Dank. Die Beantwortung dieser Frage wird sicher auch unser Publikum interessieren...«

wirst *du* schnell bemerken, daß sich an den Pausenfüller die Technik des Schallplatten-Effektes anschließen läßt; mehr noch: oftmals dringend angeraten ist.

Somit bist *du* in der Lage, *deine* Argumentation brillant aufzubauen – und kannst die Situation souverän meistern. Um *deine* Argumente auch in einem Block (nicht zu lange bitte!!) vortragen zu können, ohne Unterbrechungen des Gesprächs-»Gegners« ausgesetzt zu sein, empfehle ich *dir* die Stop-and-Go-Methode.

C: Die Stop-and-Go-Methode

Eine Unterbrechung des Gesprächspartners während seiner Rede wird generell als Unhöflichkeit ausgelegt, vor allem, wenn diese Unterbrechung mitten in einem Satz geschieht.

In der Regel warten wir, bis der Gesprächspartner eine Pause macht, um dann durch unsere Argumente eine Gegenposition aufzubauen. Bei folgendem Beispiel sind diese Möglichkeiten durch **** gekennzeichnet.

»...und so möchte ich abschließend bemerken, daß es als eine Tatsache gilt, die uns natürlich die Entscheidung wesentlich erleichtert, daß, sind die Prämissen A und B erfüllt, somit auch knapp 70% der Prämissen bereits erfüllt sind. **** Es ist weiterhin eine in der Branche geltende Tatsache, daß bei einer Prämissenerfüllung von ca. 60% für C, bei ca. also einer 90%igen Erfüllung von A, B und C ein sehr hoher Erfüllungsgrad gegeben ist. **** Die Kosten einer weiteren detaillierten Prüfung der Prämisse C würden damit nicht linear, sondern stark proportional steigen, **** wobei ein detaillierteres Ergebnis von, sagen wir einmal dann 85 %, also bei einer detaillierteren Prüfung einer Erfüllung der Prämisse C mindestens zwei Jahre in Anspruch nehmen würde. **** ...Mit der Erfüllung der Prämissen A und B und der hohen Erfüllung der Prämisse C mit ca. 60 % dürfte somit schon aus ökonomischen Gründen die Entscheidung für die Firma Sekundär gefallen sein. **** Der unschätzbare Wettbewerbsvorteil einer raschen Lösung steht damit ebenso fest **** wie – und das möchte ich nochmals deutlich hervorheben – der Vorteil **** des sofortigen Einsatzes aus dem Blickwinkel des Kostenaufwandes einer detaillierteren Evaluation, **** vor allem unter dem Aspekt des zur Zeit herrschenden Konkurrenzdruckes **** ...Ich empfehle die Variante 2 mit der Firma Sekundär.«

Du wirst schnell erkennen, daß eine Unterbrechung in der Regel dann möglich ist, wenn das Ende eines Satzes erreicht ist – und der Vortragende dieses Ende (. oder,) dazu benutzt, durch Pauseneinsatz Spannung zu erzeugen – oder schlicht, um Luft für die weitere Argumentation zu holen.

Und doch kann der Vortragende, ohne daß dabei die Höflichkeit verletzt wird, an diesen Stellen (Pausen) unterbrochen werden. Solch eine Unterbrechung liegt natürlich nicht im Interesse dessen, der einen Argumentenblock in einem Stück referieren will. Um solch einer Möglichkeit vorzubeugen, kann die Stop-and-Go-Methode verwendet werden. Hierbei geschieht nichts anderes, als daß die Pausen an Stellen gesetzt werden, die nicht erwartet sind – und wo die Unterbrechung mit Unhöflichkeit verbunden wäre. Mitten im Satz also.

»...und so möchte ich abschließend bemerken, daß es als eine Tatsache gilt, die uns natürlich die Entscheidung wesentlich erleichtert, daß, **** sind die Prämissen A und B erfüllt, somit **** auch knapp 70% der Prämissen bereits erfüllt sind. Es ist weiterhin **** eine in der Branche geltende Tatsache, daß **** bei einer Prämissenerfüllung von ca. 60% für C, bei ca. also einer 90%igen Erfüllung von A, B und C ein sehr hoher Erfüllungsgrad gegeben ist. Die **** Kosten einer weiteren detaillierten Prüfung der Prämisse C würden damit nicht linear, sondern **** stark proportional steigen, wobei **** ein detaillierteres Ergebnis von sagen wir einmal dann 85% also **** bei einer detaillierteren Prüfung einer Erfüllung der Prämisse C mindestens zwei Jahre in Anspruch nehmen würde. Mit **** der Erfüllung der Prämissen A und B und der hohen Erfüllung der Prämisse C mit ca. 60% dürfte somit schon aus ökonomischen Gründen die Entscheidung für die Firma Sekundär gefallen **** sein. Der unschätzbare Wettbewerbsvorteil **** einer raschen Lösung steht damit ebenso fest wie – und **** das möchte ich nochmals deutlich hervorheben – der Vorteil **** des sofortigen Einsatzes aus dem Blickwinkel des Kostenaufwandes einer detaillierteren Evaluation, vor allem **** unter dem Aspekt des zur Zeit herrschenden Konkurrenzdruckes. Ich empfehle die Variante 2 mit der Firma Sekundär.«

Mag *dir* dies auch beim ersten Lesen holprig erscheinen, so macht auch hier die Übung den Meister – und die tägliche Fahrt zum Büro mit dem Auto (weniger in der Bahn) gibt *dir* die Möglichkeit, diese Technik in der freien Rede laut zu trainieren. Hierbei solltest *du* darauf achten, das Wort vor *deiner* gesetzten Pause schneller – und vor allem betonter auszusprechen.

Auch hier gilt:

Sei sehr sparsam in der Anwendung. Verwende diese Technik höchstens einmal in einem Gespräch. Und nur dann, wenn sie *dir* angebracht und notwendig erscheint.

6.1.6. Regeln für ein richtiges Zuhören

All diese Regeln und Gesprächstechniken, vor allem die wiederholende Technik des »Schallplatten-Effektes« setzt fundamental voraus, daß wir *Zuhören* können.

Und gerade das *Zuhören* ist es, was uns oftmals große Schwierigkeiten bereitet. Wer kennt die Situation im Gespräch nicht, daß wir unbedingt auf ein Argument des Gesprächspartners antworten wollen, dieser aber seinen Gedankengang noch nicht zu Ende gebracht hat – weiterspricht. Unterbrechen! scheint dann manchmal das einzige Mittel, obwohl wir dabei nicht nur unhöflich sind, sondern auch wichtige weitere Details der Ausführungen versäumen können.

Aufmerksames Zuhören zeigt unserem Gesprächspartner unser Interesse, beweist die Hinwendung zum Thema und zum Menschen. Leider gilt es als Tatsache, das die Wichtigkeit des aktiven Zuhörens oftmals unterschätzt wird – und vor allem bei Streitgesprächen (bewußt?) grob unterlassen wird.

Zuhören bedeutet nicht nur, still dazusitzen und den Worten zu lauschen. Richtiges Zuhören setzt einen langen Lernprozeß für den voraus, der sich aktiv mit dieser »Technik« auseinandersetzt. Und doch ist das richtige Zuhören die Basis für die Rhetorik sowie für die Dialektik – und für den Erfolg eines Gespräches.

Wer nicht zuhört, der wird auch nichts verstehen.

Auch ist Zuhören eine Sache des Anstandes...

...und ein wichtiger Schritt in
die Richtung einer
kommunikativen Ausgewogenheit eines Gespräches.

Regeln für ein erfolgreiches und aktives Zuhören

- Zuhören setzt Geduld voraus. Lerne *dich* zu gedulden!
- Setze keinem Gespräch ein gewaltsames Ende. Jede Rede hat ein Ende: Warte darauf. Unterbrich niemals die Rede eines Menschen!
- Halte Blickkontakt zum Gesprächspartner und signalisiere damit, daß *du* noch »da« bist. Aber: »Nagle« *deinen* Gesprächspartner nicht mit den Augen fest!
- Lerne, *dir* durch Gedächtnistraining
  A: die Argumente des Gesprächspartners
  B: *deine* Gegenargumente
  merken zu können. Plane nur dann während des Zuhörens *deine* Argumente, wenn *du* sicherstellen kannst, daß *du dich* dabei noch auf das Gesagte konzentrierst!
- Lerne, bereits während des Zuhörens zu analysieren und das Gesagte auf seine Logik zu überprüfen!
- Frage nach, wenn *du* einen Begriff akustisch oder inhaltlich (z.B. Fremdwort) nicht verstanden hast. Das Fragen zeigt dem Gesprächspartner *dein* Interesse!
- Gib *deinem* Gesprächspartner durch Fragen, Rückkoppelungen, durch Mimik und Gestik sowie durch eine aktive Körperhaltung zu verstehen, daß *du* zuhörst. Verwende dabei *deinen* Kopf, um zu »nicken« (als Zeichen *deiner* Zustimmung), verwende Wörter wie »ahh«, »ja«, »ich verstehe«.

6.2. Körpersprache

...Immer steiler führte mich nun der Weg den Berg hinauf, dem Unbekannten entgegen. Und wo vormals Unsicherheit mich beherrschte, spürte ich nun die stetige Veränderung in mir. Zuviel hatte ich schon auf meiner Wanderung erlebt und das Erfahrene und Erlebte in mir gespeichert.
Ich wußte, daß die Kraft, den Berg zu bezwingen, nur aus mir selbst kommen kann. Ich hatte den Neid derjenigen kennengelernt, die das Angenehme der Selbstdisziplin vorgezogen hatten – und gescheitert waren. Ich hatte erfahren, daß es sich nur lohnt, Mühen auf sich zu nehmen, wenn die Wahrheit nicht im Verborgenen und Ungewissen liegt – und daß es sich lohnt, gegen den Strom zu schwimmen, wenn das Wasser klar ist. Ich habe erfahren, daß die Sprache die Grenzen der Welt bedeutet (Heidegger: »Die Sprache ist das Haus des Seins«). Ich habe erlebt, wie einfach es ist, durch die Beherrschung kleiner Techniken »verbal« richtig zu handeln (Merksatz 1–5). Und zuletzt verstand ich meinen guten alten Freund Maslow immer mehr, als er sagte:

Lasse *dein* Ziel nie aus den Augen.

Motiviere *dich* in Gedanken an die Erreichung
deines Zieles.

Besiege negative Gedanken in *dir*, bevor die
Suggestion der Umkehr *dich* besiegt.

Was *du* geistig im Glauben an die eigene
Stärke festhalten kannst,
das kannst *du* auch
durch die Stärke *deines* Geistes erreichen.

6.2.1. Das sprechende Gesicht

Und während ich in Gedanken an all das Erlebte weiterschritt, immer mehr der Wolkenbarriere und auch meinem

Ziel (dem Gipfel, der für mich den Erfolg bedeutete) näher kam, hatte ich nicht bemerkt, wie sich die Landschaft um mich herum verändert hatte. Ich wanderte nun auf einem alten steinernen Pfad, der linker Hand von hohen Berggewächsen, rechter Hand von steilem Fels begrenzt war.

»Hallo Wanderer«, sprach plötzlich eine Stimme aus dem Fels. In einem Spalt saß ein Mann, dessen graue Gestalt und dessen graues Gesicht mich fast zu der Annahme verleitet hätte, er wäre ein Teil des Felsens.

»Hallo«, antwortete ich und ging vorsichtig näher. Das Gesicht des Mannes begann zu strahlen, und lächelnd fragte er nach meinem Wohlbefinden und nach meinem Ziel, was ich ihm gerne beantwortete.

»Es ist schön zu sehen, daß du so fröhlich bist«, sagte ich weiter.

»Ich bin nicht fröhlich, ich bin traurig.«

»Warum lachst du dann?«

»Ich lache stets, wenn ich traurig bin. Und wenn ich fröhlich bin, dann weine ich. Doch, komme näher, dann können wir uns besser unterhalten.« Und während er dies aussprach, streckte er mir die Arme entgegen, wobei seine Handflächen abwehrend auf mich gerichtet waren.

Ich erkannte, daß er mit seinem Körper, mit seinem Gesicht und mit seinen Händen stets das Gegenteil dessen tat, was er verbal aussprach, was seine Emotion war. Dieses entgegenwirkende Spiel der Mimik, Gestik und des Körpers verursachte ein unangenehmes Gefühl in mir ... und ich war froh, als ich bald darauf meine Reise fortsetzen konnte. Er war eingeschlafen.

Darf ich *dich* an dieser Stelle unterbrechen? fragte der

Freund. Ich möchte *dir* erklären, wodurch dieses Gefühl in *dir* entstanden ist – und wie es sich im weiteren mit der Körpersprache, also der Mimik, der Gestik und der Sprache des gesamten Körpers, der Haltung etc., verhält.

Gerne, da ich zu diesem Traumerlebnis selbst Fragen habe. Aber vielleicht beantwortest du *mir* diese in deiner Erklärung.

Im konkreten Fall *deines* Traumes verhielt sich der Felsenmann in seinem »non-verbalen« Ausdruck nicht konform seinem »verbalen« Ausdruck, wie wir dies normal gewöhnt sind. Ich möchte *dir* dies einmal an einem konkreten Beispiel aus der Praxis der Industrie erläutern:

> Im Rahmen eines Personalprojektes wurde der Führungskraft A die Aufgabe zugeordnet, ein neu entworfenes Personalkonzept seinen Mitarbeitern zu präsentieren. Dieses Personalkonzept resp. die Umsetzung dieses Konzeptes war für das Unternehmen von größter Bedeutung – und da die Umsetzung die Mitarbeit jedes einzelnen »Angestellten« im Unternehmen benötigte, wurde jedem Vortrag eine entscheidende, weichenstellende Bedeutung zugemessen. So auch dem Vortrag von A, was dieser wußte. Nun verhielt es sich aber so, daß A auf der einen Seite das neue Personalkonzept als sehr gut empfand, die Umsetzung als sehr wichtig für den einzelnen wie für das Unternehmen, sich selbst aber auf der anderen Seite als nicht geschaffen für den Vortrag dieses Themas hielt. Kurz gesagt: A hatte Angst, dieses wichtige Thema nicht »motivierend« genug vortragen zu können.
>
> Im Vortrag selbst konnte A verbal, also rhetorisch, didaktisch überzeugen: Seine Ausführungen waren klar, sein Konzept geordnet. Seine Stimme war von Begeisterung getragen – und verbal merkte niemand etwas von der inneren Unsicherheit, die nicht dem Thema, sondern den eigenen Emotionen zuzuordnen war.

Und doch konnte er trotz rhetorischer Glanzleistung keinen seiner Mitarbeiter überzeugen. Nachher befragt, antwortete fast ein jeder der Mitarbeiter, daß da irgend etwas gewesen sei, was sie »am Thema« zweifeln ließ. Von der Möglichkeit einer erfolgreichen Umsetzung des Personalkonzeptes seien sie nicht überzeugt – nach diesem Vortrag.

Was hatte A nun falsch gemacht?:

- Verbal: ... war alles richtig

- Non-verbal ... war vieles falsch

A stand stets seitlich hinter dem Flip-Chart, also nicht vor dem Thema!

A stand nur auf dem linken Bein mit seinem ganzen Körper, wobei das rechte Bein, die Fußspitze hochhaltend, nur mit dem Schuhabsatz den Boden berührte. Eine Haltung, die Abwehr signalisierte – und A stets die Möglichkeit zur sofortigen Flucht ließ – »auf dem Absatz kehrt gemacht«!
Mußte A gerade einmal nicht seine Hand als Zeigestab benutzen, hatte er im Wechsel einmal beide Hände hinter seinem Rücken verborgen, das andere Mal mit der einen Hand die andere umklammert, mit hängenden Armen vor dem Körper. Er signalisierte so einerseits, daß da noch etwas im Verborgenen sei, andererseits seine unausgesprochene Bitte an seine Mitarbeiter, ihm Glauben zu schenken, und damit dem Thema.
Benützte er seine Hand als Zeigestab für einen Inhaltspunkt am Flip-Chart, so sprang er nach vorne, neben das Flip-Chart, zeigte mit der Hand ruckartig auf den besprochenen Punkt – um danach sofort wieder nach hinten auszuweichen. Seine Hand verweilte dabei nur für wenige Sekunden erläuternd am Flip-Chart.

Kurz notiert:
Der verbale Ausdruck von A war nicht konform seinem non-verbalen Ausdruck. Die dabei ausgesandten Reize und Signale bewirkten die spätere ablehnende Haltung seiner Mitarbeiter zur Thematik.

Mag dieses Beispiel auch zu detailliert wirken, es bewies doch in der realen Wirkung der damaligen Situation den oft besprochenen Zusammenhang zwischen Geist und Körper.

Merke *dir* also:

Der Ausdruck des Menschen ergibt sich aus seinem

verbalen
wie
non-verbalen

Ausdrucksvermögen

6.2.2. Körpersprache als Dialog

Wenn ich im weiteren von der Körpersprache spreche, so impliziere ich dabei die einzelnen Ausprägungen, also die *Mimik*, die *Gestik* und die *Körperhaltung*.

Das Beherrschen der Körpersprache, d.h. das Erkennen der Körpersprache eines Gesprächspartners sowie auch das Erkennen der eigenen Körpersprache, gibt uns die Befähigung

A: Situationen exakt einzuschätzen
B: uns konform unseres verbalen Ausdruckes zu verhalten.

Bedeutet dies denn nicht, daß wir mit dem Körper manipulieren, daß wir »schauspielern« – unecht sind und vielleicht wirken; daß wir dann erst recht, durchschaut der Gesprächspartner unser gestelltes Körperspiel, an Glaubwürdigkeit verlieren? fragt *er* den Freund.

Du sprichst hier ein sehr wichtiges Thema an, vielen Dank.

Ich bin der Auffassung, daß erst die tiefgehende Betrachtung einer Thematik »Körpersprache« uns in die Möglichkeit versetzt, deren Grenzen, Gefahren und Risiken zu diskutieren.

Dies setzt also voraus, daß wir uns zuerst mit der Ausprägung der Körpersprache im Detail auseinandersetzen, also mit dem Zusammenhang zwischen Geist und Körper, mit der Mimik, Gestik und der Körperhaltung – und deren Bewertungen.

Die Körpersprache ist gleich der verbalen Sprache ein Mittel zum Dialog zwischen zwei oder mehreren Menschen. Hierbei begleitet die Körpersprache, also der non-verbale Ausdruck, den verbalen Ausdruck, unterstreicht diesen, hebt ihn hervor, soweit verbale und non-verbale Ausdrucksmittel übereinstimmen.

Körpersprache als Form des Dialoges ermöglicht uns also

A: Situationen durch bewußten Einsatz der Körpersprache konform unseres verbalen Ausdruckes zu beherrschen.

B: den Gesprächspartner zu erforschen und zu bewerten – jedoch nicht, ihn festlegend zu beurteilen.

Jedoch Vorsicht! Nicht alles, was wir sehen, ist auch eindeutig deutbar! Sicher kennst *du* die folgenden Darstellungen, die einzig zum Ausdruck haben, daß wir oftmals etwas anderes sehen, als was tatsächlich vorhanden ist. So erscheinen bei a) die Linien des Viereckes gekrümmt, bei b) die schwarzen Punkte unterschiedlich groß – und c) gibt uns Rätsel auf. Ist dieser Körper nun nach vorne oder nach hinten geneigt?

a) Das Viereck

b) Punkte und Quadrate

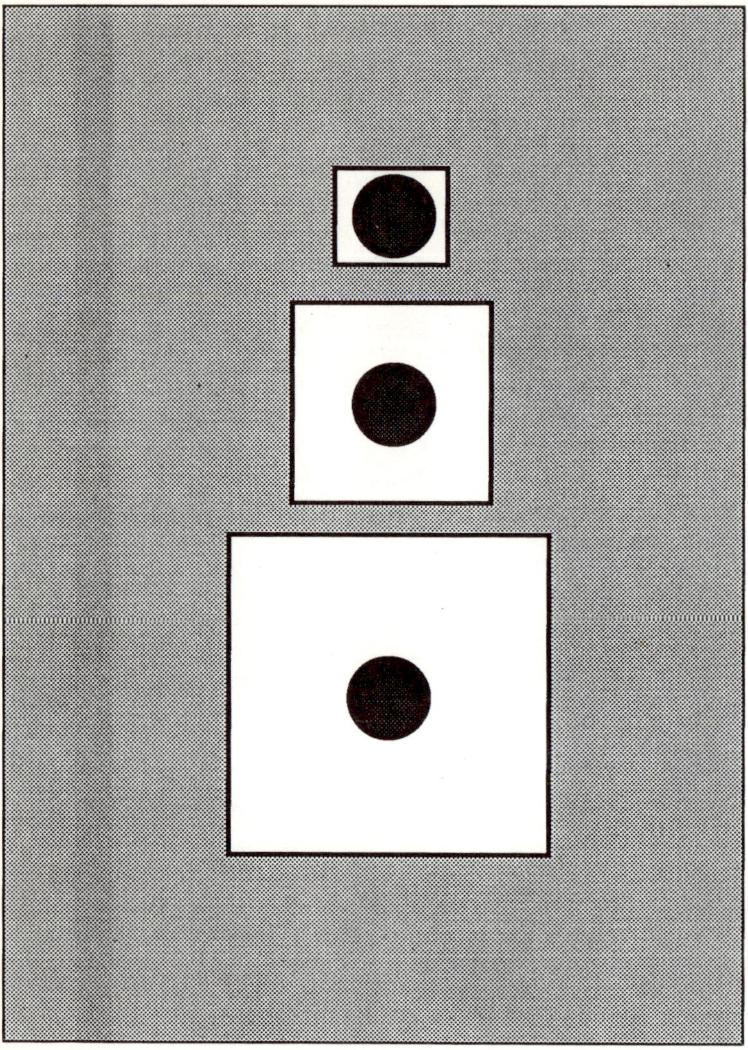

c) ein seltsames Gebilde

So verhält es sich auch mit den Ergebnissen aus der Körpersprache. Wir müssen uns stets im klaren darüber sein, daß der momentane Ausdruck unseres Gesprächspartners eine Vielzahl von Quellen haben kann.

A: Die Verhandlungssituation

B: Tagesform des Menschen

C: Seine Stimmung, also seine Gemütslage

D: Erlebnisse, vor kurzem oder weiter zurück in der Vergangenheit

E: Erfahrungen in der Kindheit

F: Soziale Schicht, Erziehung, »Kiste«

etc.

Es wäre also schlichtweg falsch, würden wir eine aktuelle Ausdrucksform unseres Gesprächspartners einzigst auf die momentane Verhandlungssituation bezogen sehen. Und doch setzt das bloße Erkennen des körpersprachlichen Ausdruckes doch zuerst die detaillierte Kenntnis der Körpersprache voraus. Hier glaube ich, mußt *du* mir recht geben!

Ja!

Und doch wollen wir bereits als erste Erkenntnis festhalten:

Körpersprachlicher Ausdruck kann, aber muß nicht ein bestimmtes Signal bedeuten, was das Erkennen desselben voraussetzt.

Daß jedoch hinter einem non-verbalen Ausdruck eine »emotionale Ursache« steckt, ist beweisbar durch einen definitiven Zusammenhang zwischen Geist und Körper.

So sieht Samy Molcho (Körpersprache als Dialog, 1988) den

Zusammenhang zwischen Geist und Körper u.a. schon alleine durch die Tatsache begründet, daß, ist der Geist beeinträchtigt, z.B. durch Alkoholgenuß, auch unser Körper in seiner Bewegung unkontrollierter wird. Und im Zusammenspiel zwischen Geist und Körper sieht Samy Molcho nicht nur den Körper von den Gedanken gesteuert, sondern auch die Beeinflußung des Geistes durch den Körper.

Ich möchte *dir* dies durch folgende Beispiele verdeutlichen:

1. Ziehe kräftig *deine* Augenbrauen nach oben, so, als wenn *du* erstaunt wärst oder einer Angelegenheit besondere Aufmerksamkeit widmen möchtest. Damit signalisierst *du deinem* Körper: Informationen kommen.

Nun versuche, in dieser Stellung *deiner* Augenbrauen verharrend, aggressiv zu werden.

Es geht nicht!

Gut, dann versuche…

2. *deine* Handflächen leicht ineinander zu legen. Entspanne dabei wieder *dein* Gesicht. Nun versuche erneut, aus dieser nun veränderten Haltung heraus, aggressiv zu werden.

Auch dies geht nicht!

Gut, dann versuche als drittes…

3. *deine* Handflächen fest ineinander zu legen. Nun versuche erneut, aus dieser nun veränderten Haltung heraus, aggressiv zu werden.

Hier geht es leicht!

Ja! Ich habe diese nun mögliche Veränderung auch am Klang *deiner* Stimme erkannt. *Deine* Stimme klang nun gepreßter, härter. *Dein* Körper war in dieser nun geschaffenen Situation (angespannte Muskulatur) auf Streß, Gefahr, Aggression vorbereitet – programmiert.

Und genau diese Erkenntnis beantwortet *deine* Frage nach der Manipulation des Körpers. »...Bedeutet dies denn nicht, daß wir mit dem Körper manipulieren, daß wir ›schauspielern‹ – unecht sind und vielleicht wirken; daß wir dann erst recht, durchschaut der Gesprächspartner unser gestelltes Körperspiel, an Glaubwürdigkeit verlieren.«

Der eigene bewußte Einsatz der Körpersprache sollte nur dann erfolgen, handeln wir damit konform unseren inneren Emotionen. Beachten wir diese Regel nicht, wird unsere Körperhaltung in der Regel als »starr« und »gestellt« interpretiert. Der von *dir* genannte Effekt tritt dann tatsächlich ein.

Und doch können wir bereits vorher reagieren – und nicht erst in der Situation. Stelle *dir* folgende Situation vor:

Du betrittst einen Raum, wo *dich* mehrere Personen bereits erwarten. *Du* sollst ein wichtiges Produkt präsentieren. Doch zuerst erfolgt die Begrüßung. Dabei tritt jenes oftmals als unangenehm empfundene Ereignis ein: *Du* wirst vorgestellt! Hier hast *du* ruhig zu stehen, während die Blicke anderer auf *dich* gerichtet sind, *dich* mustern.

A: Betrittst *du* den Raum mit negativen Gedanken, bist *du* unsicher und verkrampft, so wird auch eine gestellte Körperhaltung (z. B. festes Stehen auf beiden Beinen, geöffnete Arme, offenes Gesicht etc.) starr und unwirklich wirken.

B: Betrittst *du* den Raum selbstbewußt, mit der Gewißheit *deiner* Erscheinung und mit positiver Geisteshaltung, so kannst *du* diese dann innere Haltung bewußt nun nach außen kehren – eben durch festes Stehen auf beiden Beinen, geöffnete Arme, offenes Gesicht etc.

Also! Bewußter Einsatz der Körpersprache eben nicht durch verquerte Manipulation *deines* Körpers, sondern konform *deiner* inneren geistigen wie emotionalen Haltung.
Hier wird Körpersprache zum nützlichen Instrument, zur Abrundung *deiner* verbalen wie non-verbalen Erscheinung – und nicht zur versuchten Täuschung. Hier kannst *du* durch Körpersprache begeistern, das Wort unterstützen, lebendig gestalten.

Wer in einer Situation seine Verärgerung bewußt nach außen darstellen möchte, wird sich dieser zuerst emotional bemächtigen. Erst dann wird er die innere Empfindung konform seiner dann vorhandenen Emotion körpersprachlich unterstreichen, z.B. durch die geballte Faust (Gestik des Drohens).

6.2.3. Mimik

Denke an *deinen* Felsenmenschen. Trage im Gegensatz zu ihm *dein* inneres Lachen in *dein* Gesicht – das ist Mimik, das Spiel *deiner* Gesichtsmuskulatur.

Mimik – Ausdruck des Gesichtes

Mimik ist alles, was *du* von innen, also aus *dir* heraus, an Empfindungen in *dein* Gesicht transferieren kannst.

- So lache herzhaft und offen, wenn *du* fröhlich bist.

- Zeige *dein* Erstaunen auch durch *dein* Gesicht (geöffneter Mund bei hochgezogenen Augenbrauen).

- Laße auch *deinem* Ärger freien Lauf (verkniffenes Gesicht, aufeinander gepresste Lippen) etc.

a) offenes Lachen

b) Erstaunen bis Verwirrung

c) Ärger und Wut

6.2.4. Gestik

Wirkungsvolle Gesten als Sprache der Arme und Hände unterstützen und unterstreichen das gesprochene Wort. Dabei sprechen sie Verstand und Gefühl gleichermaßen an. Bevor ich *dir* mit Hilfe eines Stiftes einige der bekanntesten Gesten aufzeichne, merke *dir* noch folgende Regeln:

1. Die Geste muß der non-verbale Vorläufer des verbalen Wortes sein. Als »Nachkömmling« kann die Gestik im speziellen Fall eher erheiternd wirken.

2. Die Gesten müssen zu *deinen* Worten und Überlegungen passen. Wenn *du* also verbal drohst, so verwende dabei auch die geballte Faust – und nicht die nach oben geöffnete Handfläche (fragender, »offen«-legender Ausdruck).

…auf den Punkt kommt es präzise an!

…hast *du* eine andere Idee, dann antworte auf meine Frage?

…sage mir doch bitte *deine* Meinung dazu.

….oder schweige, solange dieses Thema vorherrscht!

…bitte, das war doch nicht so gemeint (beschwichtigend)

…bleibe nur ruhig auf *deinem* Platz (abwehrend)

... auch wenn ich dazu noch etwas sagen könnte (Konfrontation)

... so ist es mir lieber, wir bauschen das Thema nicht unnötig auf (dämpfen)

…lasse mich einfach einmal zusammenfassen

…dann wirst *du* schnell erkennen, daß ich doch recht habe

3. Willst *du* die Kraft *deiner* Gestik erhöhen, so benutze statt einer Hand beide Hände.

4. Denke daran: Es ist in der Regel besser, mit zuwenig Gesten zu arbeiten als mit zuviel Gestik – »Windmühlen-Effekt«. Denn Übertreibung schmälert die Aussagekraft *deiner* Worte mehr, als sie diese erhöhen könnte. Halte Maß!

6.2.5. Signale des Körpers

Denke an das Beispiel der Führungskraft A zurück. Das Unvermögen, die Mitarbeiter für das neue Personalkonzept zu begeistern, war nicht nur ein Fehler in der Gestik (fehlte oder war falsch – verborgene Hände) oder der Position des Sprechers (hinter dem Thema), sondern auch durch die Haltung des Körpers bedingt (auf einem Bein, zur Flucht bereit).

Du solltest, ob *du* nun *deinem* Verhandlungspartner gegenüberstehst – *ihr euch* gegenübersitzt, Offenheit und Interesse signalisieren.

Du signalisierst

- Offenheit

Geistige Offenheit für den Partner durch Offenheit *deines* Körpers; also durch geöffnete Arme, geöffnete Beinhaltung (nicht für Damen!), Zeigen der Hände (nicht unter dem Tisch).

- Zuwendung

Zuwendung zum Partner durch das körperliche Zuwenden; doch Vorsicht! *Du* solltest in jedem Fall die Distanzzone einhalten. Sie gilt bis ca. einem halben Meter: Intimbereich (Eintritt verboten!).

- Verschlossenheit

durch verschränkte Arme, überkreuzte Beine (vom Partner weggerichtet, Sitzhaltung), verschlossene Armstellung (Mauer).

Also:

1. *Du* stehst

- Stehe mit beiden Beinen auf der Erde (ein Mann wie ein Fels; oder: wie ein Baum). Lasse dabei *deine* Arme da, wo diese hingehören – am Körper, und nicht z.B. in die Hüften gestützt (Arroganz, Überheblichkeit).
- Verschränkte Arme meiden! Diese Haltung könnte als Distanz verstanden werden.
- Verdeckte Arme oder Beine meiden! Dies könnte als Unsicherheit interpretiert werden.
- Vorsicht! Hände in den Taschen und dabei nur ein Bein belastend, wirkt in der Regel lässig – und kann *dir* als ein Zeichen von »schlechter Kinderstube« ausgelegt werden.

2. *Du* sitzt

- Beachte auch beim Sitzen die geöffnete Körperhaltung.
- Keine verschränkten Arme, weder vor der Brust (Distanz-Zeichen) noch hinter dem Kopf (Überheblichkeit).
- Keine übergeschlagenen Beine (Distanz oder Überheblichkeit).
- Halte *dich* nicht an den Lehnen fest, auch wenn die Verhandlung noch so turbulent ist.

Und vor allem…
…keine Marotten in der Körpersprache

- sich am Kopf oder Körper kratzen
- in der Nase oder den Ohren bohren

…welch Gegensatz!

- mit der Papierkugel in der Hosentasche spielen
- Grimassen schneiden
- auf der Zunge oder den Lippen kauen
- mit den Fingergelenken »knacken«
- Fingernägel kauen
- am Bleistift lutschen

...da wir gerade bei Marotten sind...
...auch keine Marotten in der Sprache

- Ääähhh, jaaa, äähhh
- Hmmm, hmmmm
- Wahnsinn he!!

6.2.6. Und dann? Beurteilung der Körpersprache

...und ich merkte, wie immer mehr die Kälte der Luft zunahm. Ich kam den Wolken näher, die wie eine feste Nebelerscheinung mit dem grauen Fels zu verschwimmen schienen.
Den Blick auf diese grauen Schwaden geheftet, die mich ca. 100 Meter höher erwarteten, stieg ich monoton bergauf. Fast hätte ich dabei die Schar von Kindern übersehen, die in einer kleinen Senke immer paarweise beieinander standen. Ich trat näher, doch sie beachteten mich kaum, so sehr waren sie in ihr Spiel vertieft.

Ein jedes Paar spielte das gleiche Spiel. Ein Kind modellierte am anderen, und das andere hatte in der Haltung zu verharren, in die es verändert worden war. Ein Kind zog seinem »Modell« die Lippen zu einem grinsenden Gesicht, ein anderes Kind drückte sanft den Kopf seines »Modells« nach vorne, wieder ein anderes brachte sein Modell dazu, die Arme flehend nach vorne zu strecken. Dies ging eine Weile so, bis es schien, daß jedes Kind mit der geschaffenen Figur zufrieden war. Dann wechselten die »Bildhauer« ihre Positionen, wanderten umher, und besahen sich die »Modelle« der anderen, während die »Statuen« regungslos in der zuletzt eingenommenen Stellung zu verharren hatten.

»Hallo«, sprach ich eines der Kinder an. »Was ist das für ein Spiel, das ihr da treibt. Erkläre es mir doch bitte.«

»Ach ja«, seufzte der Junge, der in einem warmen Pullover steckte, der ihm viel zu groß schien. »Wir versuchen herauszufinden, was Respekt ist. Wir haben gehört, daß Kinder vor den Großen Respekt haben sollen. Und so üben wir schon seit langem, wie man stehen muß, damit man einem Großen Respekt zeigt. Wir glauben, daß wir dann die Lösung gefunden haben, wenn wir alle gleich dastehen. Aber das haben wir noch nie geschafft – und so versuchen wir es immer weiter und weiter. Kannst du uns denn helfen?«

»Gerne möchte ich dies versuchen«, antwortete ich. Und so stellte sich der Junge zur Verfügung, und ich konnte an ihm drehen, ihn biegen und verändern, seine Gestik und Mimik bestimmen. Und irgendwann war es mir, als ob mich ein gutes Gefühl beim Betrachten meines Werkes durchfluten würde. Ich wußte, daß ich nun eine Statue Respekt geschaffen hatte – für mich. Denn die anderen Kinder waren nicht untätig geblieben und hatten ebenfalls wieder zu modellieren begonnen. Nur, daß ihre Ergebnisse anders als meines waren. Und da erkannte ich die Wahrheit in diesem Spiel.

»Ihr habt es geschafft«, sagte ich den Kindern.

»Warum denn?« fragten sie verblüfft. »Eine jede Figur schaut doch anders aus. Das kann doch nicht das Ergebnis sein.«

»Und doch ist es das Ergebnis«, sprach ich. »Ihr müßt folgendes wissen: Ein jeder von euch ist einmalig auf dieser Welt. Es gibt ihn kein zweites Mal, so wie er aussieht, spricht, denkt und fühlt. Und so ist auch seine Erscheinung nur auf ihn fixiert. Das heißt, was z.B. das Mädchen dort ausstrahlt, ist Respekt. Doch nur bei ihr. Der andere Junge dort strahlt auch Respekt aus, für sich, in seiner Erscheinung. Und da ein jeder von euch Bildhauern wiederum ein Individuum ist, erfaßt auch jeder von euch Respekt anders, setzt es anders in Abhängigkeit zum jeweiligen Modell um. Also habt ihr alle recht – und seid somit am Ziel.«

»Erstaunlich, ja«, unterbrach ihn da der Freund. »Ich bemerke, daß *dein Sokratissimo* immer mehr dazulernt, je weiter die Reise ihn führt. Es ist doch tatsächlich so, wie sich die Situation für ihn im Traume darstellte.

Ich kenne diese Situation aus vielen meiner Seminare. Denn das Ergebnis daraus verdeutlicht uns, warum z.B. die *Kinesik*, als Lehre von der Körpersprache, trotz einiger bemerkenswerter Erkenntnisse nicht als Wissenschaft angesehen wird. Eben weil sie das Individuum Mensch nicht berücksichtigt, aus einer Erkenntnis sofort eine allgemeingültige Regel ableiten will. So nenne ich die Kinesik die »Hier-und-jetzt-Körpersprache«, da sie das Individuum Mensch, die äußeren und inneren Einflüße auf dieses Individuum nicht in ihre Überlegungen einbezieht.

Und so läßt sich abschließend zu diesem gesamten Komplex der Körpersprache bemerken, daß es fahrlässig wäre, stets verschränkte Arme als das eindeutige Zeichen für eine Distanzvergrößerung zwischen zwei Gesprächspartnern zu beurteilen. Dieses Zeichen kann auch das Wohlbefinden des Partners dokumentieren. Wie kann ich aber unterscheiden?

Wichtig ist vor allem der Gesamteindruck des Menschen. Ist an der erhöhten Atmung, der angespannten Muskulatur sowie z.B. durch verbale Äußerungen zu erkennen, daß der Mensch sich nicht »wohl fühlt«, so sind in diesem Fall die verschränkten Arme ein Zeichen der Barriere (zum Schutz) resp. der Distanzvergrößerung. Aber das muß nicht zwangsläufig in allen Fällen so sein.

Ist im Gegensatz der Gesamteindruck des Menschen positiv, befindet er sich also in einem guten physischen Zustand, sind die verschränkten Arme mit Sicherheit ein Zeichen für das Wohlbefinden des Partners.
Sind wir nun noch in der Lage, die verbale und auch nonverbale Situation zu wiederholen, die den Zustand (der verschränkten Arme) hervorgerufen hat, so können wir daraus erkennen, ob dieses Signal oder dieser Reiz eine

- Distanzvergrößerung, oder vielleicht gar das
- Wohlbefinden des Gesprächspartners bedeutet.

So gilt es abschließend zu bemerken, daß wir eigentlich in der Körpersprache, also bei der Beurteilung der Körpersprache unseres Gesprächspartners, nur zwei Zustände zu erkennen haben:

1. den guten Zustand, oder
2. den schlechten Zustand

wobei uns die jeweiligen Details (als Kenntnisse über Mimik, Gestik und Körperhaltung) helfen werden, die individuellen Ausdrucksformen des Gesprächspartners zu studieren.

Die Details (übereinandergeschlagene Beine) dürfen also niemals für sich alleine betrachtet und beurteilt werden, sondern stets nur im Rahmen der gesamten Erscheinung des Menschen.

Vergiß nie das Erlebnis von *deinem Sokratissimo* auf der Wanderung zum Gipfel des Erfolges. Ein jedes der Kinder hatte recht – die Wahrheit lag zwischen jedem von ihnen.

6.3. Dialektik

...*Sokratissimo* war stehengeblieben. Nun bedurfte es nur mehr ein paar Schritte, um in die Wolken, diese grauen Nebelgebilde, einzutauchen.

Unwillkürlich hatte ich in geduckter Haltung verharrt. Die gewaltige graue Masse über mir flößte mir Angst ein – als könnte sie herabstürzen. So hatte ich mich für einen kurzen Augenblick umgewandt und blickte nun – zum letzten Mal, so war ich sicher – den Berg hinab, in mein Tal des Daseins hinunter. Die Dächer der Häuser waren zu kleinen unwichtigen Punkten geschrumpft. »Wie eng es dort unten ist«, dachte ich.

Nein! Zurückkehren will ich nicht, auch wenn ich meine Zeit im Tal des Daseins stets lebendig in Erinnerung behalten möchte. Zu wichtig war dieser Teil meines Lebens für mich. Stellte er doch die Ausgangssituation für mich dar und war Ursprung meines Daseins. Ein Fundament, auf welches es nun neue Erkenntnisse zu setzen galt. Hinzuzufügen – nicht zu ersetzen.

Ich drehte mich um, holte tief Luft ... und schritt den Berg hinauf in die Wolken hinein, die mich bald umhüllten – einschlossen. Nur undeutlich war die Sicht. Kaum ein paar Meter konnte ich sehen, und die Gefahr stieg, auszugleiten, abzustürzen. Die Anspannung in mir wuchs. Wie lange würde es dauern, bis ich die Wolkendecke durchbrechen würde – was würde ich dann sehen?

In dicke Felle gekleidet, saßen zwei Kinder auf einem kleinen Fels und unterhielten sich. »Tapferkeit ist, wenn man Mut zum Kämpfen hat«, sagte der kleine Junge. »Nein, Tapferkeit ist auch, wenn man den Mut zum Weglaufen hat«, erwiderte ein kleines Mädchen. »Nein, ich habe recht«, sagte daraufhin der Junge. Die Kinder gerieten in Streit, und bald balgten sie sich auf dem schmalen Felsen.

»Halt Halt!« rief ich. »Das muß doch nicht sein. Ich möchte euch gerne helfen herauszufinden, wer nun von euch beiden recht hat.« »Ich habe recht!« rief der Junge. »Nein, ich«, erwiderte das Mädchen. »So kommen wir nicht weiter«, sprach ich. »Laßt uns doch einmal folgendes annehmen: ihr habt beide recht!« Da blickten mich die Kinder erstaunt an und begannen laut zu lachen. »Wie können wir beide recht haben, wenn wir etwas anderes glauben«, sagte da das Mädchen. »Das ist ganz einfach«, beschwichtigte ich beide Kinder, »aber laßt es mich erläutern:

Zuerst wollen wir untersuchen, ob der Junge recht hat. Ist es Tapferkeit, wenn man den Mut zum Kämpfen hat; wenn man also bereit ist, unter Einsatz des eigenen Lebens und der Gesundheit für eine z.B. gerechte Sache zu kämpfen. Stelle dir vor«, sprach ich das Mädchen an, »ein wildes Tier fällt dich an. Nun kommt dein Freund und wirft sich dazwischen, kämpft mit dem Tier und besiegt es. War das nicht tapfer?«

»Doch«, erwiderte das Mädchen kleinlaut – und in den Augen des Jungen konnte ich den Triumph erkennen. So wendete ich mich ihm zu. »Stelle dir einmal vor, es herrscht Krieg zwischen zwei Völkern. Ein Soldat kämpft alleine gegen eine Übermacht von Feinden. Er erkennt, daß er alleine nicht gewinnen kann. Läuft er aber davon, so wird er vor ein Gericht gestellt. Dies weiß er. Und dennoch läuft er davon. Er ist der Meinung, daß er seinem Volk viel besser helfen kann, wenn er mit anderen Soldaten zusammen die Burg verteidigt. Denn hier ist jeder Mann soviel wert wie drei Männer – auf den geschützten Zinnen der Burg. So stellt er sich in vollem Bewußtsein der Gefahr einer Verurteilung und erhofft sich dabei nur, daß man seine wirklichen Beweggründe gelten lassen wird. So läuft er also nicht vor dem Kampfe davon, sondern sucht diesen an einer anderen Stelle – dabei aber in der Gefahr lebend, daß er vom Gericht zum Tode verurteilt werden könnte. Ist dies nicht auch Tapferkeit?« fragte ich den Jungen. »Doch«, erwiderte dieser kleinlaut, und die Augen des Mädchens blickten mich dankbar an.

»So habt ihr also beide recht – und ein jeder von euch hat durch die Meinung des anderen gelernt, Neues erfahren. Merkt euch also für eure Zukunft: Die Wahrheit liegt nicht nur in einem von euch, sie liegt zwischen euch. So müßt ihr euch nur stets die Möglichkeit verschaffen, einander zuzuhören und zu verstehen.«

Die Wahrheit liegt nicht in den Worten,
sondern zwischen den Worten

Die Wahrheit liegt nicht in den Menschen, sondern
zwischen den Menschen

Der Dialog ist das Mittel, euere Wahrheit zu finden

Die Technik, die sich daraus entwickelte,
ist die
Dialektik

...erwiderte daraufhin der Freund.

Die Dialektik ist nicht nebulös, so wie die Wolkendecke für *Sokratissimo* nebulös war, auch wenn die Dialektik manch Unkundigem so erscheint. Sie ist keine hochtrabende Wissenschaft, sondern ein existenzielles Fundament jeder Kommunikation. Und wer es beherrscht, sich und seine Emotionen zu beherrschen und sein Ziel sowie die Person des Gesprächspartners in den Vordergrund zu stellen, der hat bereits ein wichtiges dialektisches Fundament geschaffen. Achtet man dabei noch auf die Erfüllung der kommunikativen Erwartungen des Gesprächspartners und beachtet weiterhin emotionale Aspekte der Kommunikation (z.B. emotionale Zustände wie Antipathie – Sympathie), so lassen sich dialektische Techniken und Methoden erfolgsorientiert anschließen. Darüber haben wir jedoch schon ausführlich gesprochen (vgl. Kap. 3.7.–3.10.).

3-Stufen-Konzept für die Dialektik

1. Aufbau des Fundamentes

   - Grundeinstellungen
   - Philosophie

2. Kenntnisse über die Wissenschaften

3. Techniken und Methoden der »Neu-Dialektik«

Damit wird die Anwendung der Dialektik zur Selbstverständlichkeit in der Kommunikation, zur Grundlage eines jeden Dialoges. Zum Feuerwerk brillanter Redekunst. Und letztlich, da jede Handlung einmal zur Gewohnheit wird, jede Gewohnheit zum Charakter – und der Charakter unser Schicksal bestimmt, werden wir selbst zum Dialektiker. Und ohne *dich* zu langweilen muß ich wiederholen: Dies ist nur dann möglich, wenn wir Selbstdiziplin üben und unser Ziel mit unserer Kraft verfolgen, so wie *Sokratissimo* sein Ziel verfolgt. Und wie er, so werden auch wir den Berg erklimmen – und den Erfolg erleben, spüren.

Beschäftige *dich* in Zukunft mit der Dialektik. Beginne zuerst, *dir* die Grundeinstellungen zu eigen zu machen. Erkenne dann die Wissenschaften, die sich in der Dialektik verborgen haben und die leicht zu verstehen sind – und auch anzuwenden sind. Dann versuche dialektische Methoden und Techniken zu studieren – und sie bei anderen zu erkennen. Ist *dir deine* Sensibilisierung auf die Dialektik gelungen, dann wage den letzten und entscheidenden Schritt – wende selbst die Techniken an.

Doch behalte dabei stets *dein* Ziel im Auge:

Die Verwendung der Dialektik als Mittel zur Problemlösung und Konfliktbeseitigung, als Mittel zur Suche nach der

Wahrheit zwischen den Menschen, nicht zur »kommunikativen« Dampfwalze im Sinne des ewigen Rechtbehaltens.

Bitte entschuldige, aber dies alles hört sich an, als ob man Jahre brauchen würde, sich der Dialektik zu bemächtigen. Aber *ich* bin auf der Suche nach schnellen Mitteln und Techniken, die *ich* sofort anwenden kann.

Niemand hindert *dich* daran, noch heute zu beginnen, *dich* des Zieles *deines* Lebens zu vergewissern. Niemand hindert *dich*, schon morgen anzufangen zu lernen, *deine* eigenen Emotionen in den Griff zu bekommen. Doch suchst *du* nach schnellen Methoden und Techniken, ohne *dich* mit dem Fundament zu beschäftigen, so wirst *du* in der Vordergründigkeit *deines* Handelns stecken bleiben. Ex nihilo nihil, aus Nichts kommt Nichts!

Und merke *dir*: Nur mit einer Technik ausgerüstet, wird der Karatekämpfer nie den Kampf gewinnen, der Baumeister kein Haus erbauen können, wird niemand zum Erfolg kommen. Eigne *dir* Stufe für Stufe Wissen an – und wende es an! Ich bin gerne bereit, *dir* jederzeit dabei zu helfen. Doch die Kraft dazu kannst *du* nur aus *dir* selbst gewinnen.

6.3.1. Die Wissenschaften

Analysieren wir nochmals den Ausspruch von K. Lorenz unter dem Gesichtspunkt der Dialektik…

Kommunikation

Gesagt bedeutet noch nicht gehört
gehört noch nicht verstanden
verstanden noch nicht einverstanden
einverstanden noch nicht behalten
behalten noch nicht angewandt und
angewandt noch nicht Verhaltensänderung

...und stellen wir den einzelnen Abschnitten die Erläuterungen und bereits die Wissenschaften entgegen:

Gesagt bedeutet noch nicht gehört

- Sprache (Rhetorik/Körpersprache)
- Linguistik (Wissenschaft der Sprache)

Gehört noch nicht verstanden

- Hermeneutik (Wissenschaft vom Verstehen)
- Dialektik (Überzeugungs-Transfer)
- Logik (Aufbau eines folgerichtigen Denkens)

Verstanden noch nicht einverstanden

- Dialektik (Überzeugungs-Transfer)
- Psychologie (Seelenleben und Bewußtseinsvorgänge)

Einverstanden noch nicht behalten
behalten noch nicht angewandt und
angewandt noch nicht Verhaltensänderung

- Psychologie (Seelenleben und Bewußtseinsvorgänge)
- Soziologie (Lehre des menschlichen Zusammenlebens)

...und da wir über das *Miteinander* im Dialog sprechen, letztlich noch die

- Kommunikationstheorie (»Miteinander«)

Erläuterungen:

1. Dialektik

Das Denken in gegensätzlichen Begriffen, um aus beiden Begriffen zu einer einheitlichen Meinung zu gelangen. So versteht sich auch der Dialog letztlich als Mittel, um aus der ursprünglichen Polarität zweier Meinungen über das Miteinander-Sprechen zu einer Meinung zu gelangen. Die Wahrheit liegt somit nicht in den Worten, sondern zwischen den Worten, nicht in den einzelnen Menschen, sondern zwischen den Menschen.

Da generell nicht davon ausgegangen werden kann, daß ein jedes Wort von beiden Dialogpartnern gleich verstanden wird, gilt als eine Hilfswissenschaft der Dialektik die...

2. Hermeneutik

als die Kunst, Schrift, Wort oder Kunstwerk sinnvoll auszulegen. Hermeneutik wird auch als die Wissenschaft vom Verstehen bezeichnet. Das Mittel, dessen man sich dabei meist bedient, ist die Sprache, deren Wissenschaft die...

3. Linguistik

ist. Im Zusammenhang mit der Dialektik interessieren wir uns hier nur für die verschieden verwendeten Codes in der Sprache, da unser kommunikatives Ziel ist, Probleme und Konflikte zu lösen. Um den Gesprächspartner auch »anzusprechen«, müssen wir uns des richtigen Codes bedienen. Da der Mensch jedoch verschiedene Rollen im Leben einnimmt, je nachdem, in welcher gesellschaftlichen Situation er steht (Beruf – Ehe – Kegelclub), ist weiter die...

4. Soziologie

von Bedeutung. Die Soziologie umfaßt weiterhin die Lehre von den Formen und Gesetzen des menschlichen Zusammenlebens. Für uns bedeutet eine Ausrichtung unserer Techniken und Methoden der Kommunikation, daß wir lernen, uns auf Gruppen oder Gruppenprozesse einzustellen. Es gilt, in der jeweils richtigen Rolle zu agieren. So wirst *du* eine Rede vor dem Vorstand einer Aktiengesellschaft in einer anderen Rolle halten als vor einem Faschingsverein.

Merke *dir*: Jeder Mensch kann sich in der Gruppe anders verhalten als außerhalb der Gruppe oder in einer anderen sozialen Gruppe. Aber da es letztlich um den Menschen geht, ist ebenfalls die...

5. Psychologie

zu betrachten. Sie versteht sich als die Wissenschaft vom Seelenleben und den Bewußtseinsvorgängen im Sinne einer Erfahrungs-, also keiner spekulativen Wissenschaft.

Für die Kommunikation bedeutet die Psychologie das Erkennen der emotionalen und psychischen Beweggründe unseres Dialogpartners sowie unsere Ausrichtung darauf. Der Gesprächspartner muß *dein* Gefühl verstehen können. So kannst *du* letztlich nur dann überzeugen, wenn *du* selbst überzeugt bist.

Im »Ansprechen« der Emotionalität unseres Partners finden wir dann all jene Techniken und Methoden wieder, über die wir bereits gesprochen haben: Mimik, Gestik, Körpersprache, Rhetorik etc.

6. Kommunikationstheorie

Letztlich geht es stets, ob wir nun verhandeln, überzeugen wollen, oder uns einfach nur unterhalten, um ein Miteinander zweier oder mehrerer Menschen. Jeder der beiden Kommunikationspartner muß in der Lage sein, die Erwartungen des anderen Dialogpartners zu befriedigen. Werden diese nicht befriedigt oder wird gar grob dagegen verstoßen, so gilt im Sinne von Konrad Lorenz: »...nicht einverstanden...« und somit die Kommunikation als gescheitert.

Von all den kurz erläuterten Wissenschaften, die für die Dialektik eine Bedeutung haben, möchte ich folgende Wissenschaften näher mit *dir* betrachten:

- Die Hermeneutik

- Die Rolle der Logik

Die Hermeneutik

Oftmals meinen wir doch nur zu wissen, über was wir sprechen, tatsächlich aber wissen wir es nicht.

Wie oft habe ich in Sitzungen der Industrie erlebt, wie zwei Kontrahenten sich über einen Sachverhalt stritten – in Wirklichkeit aber das Gleiche meinten. Auch das Gegenteil davon habe ich oft erlebt: Zu schnell einigten sich zwei Gesprächspartner über einen Sachverhalt, obwohl sie doch beide den Begriff verschieden interpretierten.

So habe ich es zu einer standardmäßigen Handlung erhoben, stets in Sitzungen am Flip-Chart diejenigen Begriffe klar zu definieren – und das in Zusammenarbeit mit den Sitzungsteilnehmern –, wo deren Verständnis für den Erfolg der Sitzung wichtig war.

Auch im Rahmen des Einzel-Coachings von Personen ist es stets von großer Bedeutung, damit das »... Gesagt ...« auch zu einem »... Verstanden ..« wird, daß mehrdeutige Begriffe und Verwendungen vorher abgeklärt sind.

Rupert Lay (Dialektik für Manager) hat diesen Sachverhalt ausführlich beschrieben. Ich möchte mich hier in meiner Definition darauf beschränken, *dich* für die Zukunft zu sensibilisieren. Denn es kann ein Unterschied sein, was *du*

als Sprecher meinst, ausgedrückt zu haben

und was

dein fachkundiges Publikum darunter versteht

und was

ein Nicht-Fachmann als unbeteiligter Dritter an Bedeutung dem Wort zuordnet

Merke dir:

Kläre stets in der Kommunikation diejenigen Begriffe ab, die mehrdeutig oder verschieden interpretierbar sind. Meist sind dies Begriffe, die als Oberbegriff mehrere Unterbegriffe beinhalten.

Beispiel: Das Wort Ordnung

- Er hält seine Welt in Ordnung
- Die militärische Ordnung
- Ordnung in der Bewältigung der Arbeit
- Geistige Ordnung
- Ordnung als Sauberkeit
- Ordnung als häusliche »Aufgeräumtheit«
- Ordnung der Prinzipien
- Ordnung als mathematischer Begriff (X. Ordnung)
- Ordnung als klare Kompetenz

etc.

Wer also im Dialog mit anderen über Ordnung spricht, muß vorher abklären, was ein jeder seiner Dialogpartner unter dem Begriff der Ordnung versteht.

6.3.2. Die Rolle der Logik

In der Dialektik hat die Bedeutung der Logik heute stark zugenommen. In einer Zeit, wo sich nur mehr wenige mit der Philosophie und damit mit den Fundamenten und den Grundeinstellungen beschäftigen, sondern vielmehr schnell Techniken und Methoden für eine sofortige und brauchbare Anwendung erlernen wollen, bietet die Logik das »richtige Sprungbrett« für den Schnell-Kurs-Dialektiker. Einziges Ziel dieses Dialektikers ist es, mittels der Akzeptanz der Logik schnell zu einem Transfer seiner Überzeugung auf den anderen zu gelangen. Der gute Zustand im Gesprächspartner, das Achten der Emotion, die Erfüllung der kontaktiven Erwartungen sowie der kommunikativen Erwartungen erhalten damit eine oft untergeordnete Rolle.

Der Sprung vom fairen Dialektiker zum unfairen Dialektiker ist dann leicht geschafft, wenn es nur mehr um die eigenen Überzeugungen geht, ohne Anspruch auf deren Wahrheitsgehalt zu stellen – und den Transfer derselben, gekoppelt mit schnell erlernten Sprüchen, die als Torpedos in den Gefühlsbereich einschlagen sollen. Doch damit wird Dialektik zum Selbstzweck, entfernt sich von ihrer philosophischen Bedeutung.

Die große Rolle der Logik für die Dialektik, oder besser für den blanken Überzeugungstransfer, wird dann deutlich, betrachtest *du* die allgemeine Akzeptanz der Logik. Neutral gesehen, stellt sich Logik als ein Instrument dar, mit dem man analytisch in der Lage ist, eine Aussage auf ihren Wahrheitsgehalt hin zu überprüfen. Da die Logik allgemein als »Wahrheit« akzeptiert ist, kann sie somit dazu dienen, Einigung bei Kommunikationsstörungen herbeizuführen.

Was aber passiert, wenn die allgemeine Akzeptanz der Logik dazu mißbraucht wird, aus einem unwahren Sachverhalt durch logischen Beweis eine wahre »Tatsache« zu zaubern? Nicht alles, was logisch ist oder als logisch erscheint, muß auch wahr sein. Denn die Logik selbst erhebt nicht den Anspruch auf die Wahrheit. So kann sich der faire Dialektiker der Logik bedienen, um einen unklaren Gedankengang »klar« darzustellen, der unfaire Dialektiker dagegen, um einen »unwahren« oder »falschen« Tatbestand *als wahr erscheinen* zu lassen.

Ob eine solche Verwendung der Logik in ihrem Ergebnis fair oder unfair erscheint, entscheidet sich meist erst bei Betrachtung des angestrebten Ziels. Kann ich durch »logische Spielereien« einen anderen Menschen dazu bringen, etwas vielleicht Unrechtes zu unterlassen, so mag die Verwendung zwar als unfair bezeichnet werden können, das Ergebnis aber ist positiv. Wird allerdings der Einsatz der unfairen Methode nur dazu verwandt, einen anderen in der Verhandlung »über den Tisch zu ziehen«, obwohl andere (positive) Mittel zur Verfügung gestanden wären, so müssen Verwendung und Ergebnis als unfair bezeichnet werden.

So können wir an dieser Stelle auch klar definieren, was die Dialektik im Sinne der fairen Anwendung nicht ist – und nicht sein sollte:

- Andressierte Sprüche
- Einen anderen dumm und dämlich quatschen
- Auf alle Fälle recht behalten
- Die eigene Emotion in den Vordergrund stellen
- Egoismus
- Sich zu Tode siegen

Und doch ist es auch für den fairen Dialektiker überaus wichtig, sich mit den unfairen Methoden zu befassen. Ziel ist, diese Techniken und Methoden zu durchschauen – und ihnen mit fairer Dialektik begegnen zu können. Wenn ich also im weiteren sowohl über die faire als auch über die unfaire Dialektik spreche (oder einfach über eine wertneutrale Anwendung), so geschieht dies mit der Absicht, *dich* darauf zu sensibilisieren; d.h. auf das Erkennen solcher Methoden und Techniken. Verhehlen möchte ich dabei aber nicht, daß ich grundsätzlich ein Gegner unfairer Methoden bin.

> Da ich studiert habe und zehn Jahre länger in der Firma bin als du, ist mein Erfahrungspotential sowie mein analytisches Denken logischerweise größer und besser als deines. Somit ist auch im vorliegenden Sachverhalt meine Beurteilung der Sachlage richtig. Das ist doch logisch, oder?

Wie oft schon hat man versucht, uns durch sogenannte Logik von unserer Spur abzubringen. Aber ist daraus zu schließen, was nun wahr ist? Keinesfalls!

In Afrika wohnen Schwarze
Botanga lebt in Afrika
folglich ist Botanga ein Schwarzer

...logisch, oder?

In Amerika wohnen Schwarze
der Präsident lebt in Amerika
folglich ist der Präsident ein Schwarzer

...aber nicht wahr!

B. Becker hat im Tennis gegen A gewonnen. A hat hingegen gegen B gewonnen. Somit steht fest, daß B. Becker besser ist als A, und daß A besser ist als B. Folglich wird B. Becker leichter gegen B gewinnen als gegen A. Ist doch logisch! Aber hat B. Becker das Spiel nun wirklich gewonnen?

Während wir hier noch sehr leicht die Logik von der Wahrheit unterscheiden können, wird es im folgenden schon schwieriger, wobei *dir* dieser Sachverhalt bekannt vorkommen wird:

»...und so möchte ich abschließend bemerken, daß es als eine Tatsache gilt, ... daß, sind die Prämissen A und B erfüllt, somit auch knapp 70% der Prämissen bereits erfüllt sind. Es ist weiterhin eine in der Branche geltende Tatsache, daß bei einer Prämissenerfüllung von also 60% für C, bei ca. also einer 90%igen Erfüllung von A, B und C, ein sehr hoher Erfüllungsgrad gegeben ist. Die Kosten einer weiteren detaillierten Prüfung der Prämisse C würden damit nicht linear, sondern stark proportional steigen, wobei ein detaillierteres Ergebnis von sagen wir einmal dann 85% also bei einer detaillierteren Prüfung einer Erfüllung der Prämisse C mindestens zwei Jahre in Anspruch nehmen würde...

...Mit der Erfüllung der Prämissen A und B und der hohen Erfüllung der Prämisse C mit ca. 60% dürfte somit schon aus ökonomischen Gründen die Entscheidung für die Firma Sekundär gefallen sein. Der unschätzbare Wettbewerbsvorteil einer raschen Lösung steht damit ebenso fest wie – und das möchte ich nochmals deutlich hervorheben – der Vorteil des sofortigen Einsatzes aus dem Blickwinkel des Kostenaufwandes...«

Du weißt sicher besser, ob diese Ausführung der Wahrheit entsprach. Dennoch: Logisch war sie!

Aber nicht wahr, antwortet *er* leicht erregt. *Ich* verstehe nun immer besser das manipulative Spiel, das mein Gegner hier betrieben hat.

Richtig! Vor allem durch die Verwendung der Wörter »...es ist eine Tatsache, daß...« suggerierte er geschickt den Wahrheitsgehalt seiner Ausführungen, die durch seine Logik unterstrichen wurde.

Vor allem der Journalismus bedient sich (fast ebenso wie die Politiker) der Logik, um Gefährliches harmlos oder Harmloses gefährlich erscheinen zu lassen. Jüngstes Beispiel ist ein Artikel einer Tageszeitung über Ozon und Sex.

Ozon-Alarm! Selbst Lieben ist gefährlich

Eine bislang unbekannte Nebenwirkung entdeckt

...Hohe Konzentrationen des aggressiven Umweltgiftes greifen Schleimhäute an – aber auch Latex. Daraus beste-

> hen Kondome. Latex wird unter Ozon-Einfluß schneller brüchig, wissen die Nürnberger Materialprüfer der Landesgewerbeanstalt Bayern. Also Verhüterli kühl und trokken lagern – sonst wird Liebe gefährlich.

Eine bestechende Logik zum Zwecke der Auflagenerhöhung über aktuelle Schlagzeilen. Nur: Wer trägt das Latexprodukt schon offen am Gürtel – und setzt es so der Bestrahlung und der Luft aus.

Politiker bedienen sich meist auf »Kundenfang« für die Partei einer Technik, indem sie einem komplizierten Sachverhalt eine einfache Erläuterung folgen lassen – die nicht unbedingt im Zusammenhang mit der eigentlichen Aussage stehen muß.

> Die Ratifizierung des Gesetzesentwurfes B.2 ist allein schon volkswirtschaftlich wichtig, weil dadurch die stagnierende Wirkung der jetzt hemmenden Faktoren eliminiert werden kann. (Was für sich noch zu beweisen wäre!!) Dies ist doch so, als ob Sie einen Anspruch auf eine einmalige Geldzulage erhielten, aber den Antrag nicht stellen dürften. (Dies ist jetzt für jedermann klar – und die Zustimmung für den Gesetzesentwurf folgt auf dem Fuße).

Ein weiteres, diesmal mathematisch-logisches Beispiel, in welchem bewiesen wird, daß 1 gleich 2 ist:

Annahme: A = B

A = B : mal A → AA = AB
AA = AB : mal -BB → AA–BB = AB–BB

binomisch aufgelöst bedeutet AA–BB = AB–BB ...

(A + B) x (A–B) = B x (A–B): nun dividieren wir mit (A–B) und

erhalten: A + B = B

da in der Annahme davon ausgegangen wird, daß A gleich B ist, kann jetzt bedenkenlos A mit B vertauscht werden. Wir erhalten so:

$B + B = \quad B \quad \text{also} \quad 2B = B \quad \text{also:} \ 2 = 1$

Womit bewiesen wäre, daß 2 gleich 1 ist. Nun knacke einmal diese logische mathematische Folge von Gleichungen. Viel Spaß!

Oder…

> Der Paragraph §4 des Gesetzes ist schon deshalb gerecht, da das Gesetz an sich auf den Grundlagen der Gerechtigkeit aufgebaut ist.

Ein typischer Circel-Schluß, wo die Behauptung mit sich selbst bewiesen wird. Oder…

> Ich persönlich lehne die Anwendung der »unfairen Dialektik« ebenso ab, wie ich auch immer schon Diktaturen abgelehnt habe.

Nanu! Was hat das eine mit dem anderen zu tun?

Grundlegendes Schema beim Aufbau einer Logik:

1. Schaffung der logischen Bezugsbasis. Meist wird als erster Satz eine »allgemein gültige« Weisheit verwendet. Sie hat den Vorteil, daß sie meist bedenkenlos übernommen wird, d.h. ungeprüft angenommen wird.

Alle Menschen sind Kinder Gottes

2. Nun folgt als zweiter Satz der Faktensatz, also die spezielle Hinführung auf das, was dann logisch bewiesen werden möchte.

Adolf Hitler ist ein Mensch

3. Aus 1. und 2. folgt nun die logische Schlußfolgerung:

Folglich ist Adolf Hitler ein Kind Gottes

Wollen wir die Logik »knacken«, so gilt es, den ersten, also den allgemeingültigen Satz, einer »Wahrheitsprüfung« zu unterziehen, denn:

Satz 2 ist richtig und unanfechtbar

Satz 3 ist die richtige logische Schlußfolgerung

Betrachten wir einmal den ersten Satz nicht aus dem Blickwinkel des »Christlichen«, dann werden wir schnell merken, daß unsere »allgemeingültige Weisheit« nur auf einen eingeschränkten Bereich zugeschnitten ist. Es müßte heißen: Manche Menschen sind Kinder Gottes!

Aufbau einer Logik – Erkennen einer Logik

Alle Vögel können fliegen	allgemeingültige Weisheit
Der Sperling ist ein Vogel	Spezieller Satz – Faktensatz
Also kann der Sperling fliegen	Schlußfolgerung

Setze doch einmal anstelle des Faktensatzes »Der Sperling ist ein Vogel« den Satz »Der Strauß ist ein Vogel«, dann wirst *du* schnell begreifen, daß wiederum der erste Satz falsch ist, da er eine nicht zulässige Verallgemeinerung darstellt. Es können nun einmal nicht alle Vögel fliegen; der Strauß kann es nicht.
Woher jedoch kommt diese Haltung des Menschen zu diesen »allgemeingültigen« Aussagen, z.B. in diesem speziellen Fall:

Das Wort »Vogel« ist ein von Menschen erfundenes Pseudonym für eine Tiergattung. Es kategorisiert die Allgemeinheit der Gattung Vogel in eine

- Anatomie

und einen

- Habitus

unserer Fauna. Erst viel später geschah dann in Einarbeitung der ornitologischen Erkenntnisse die Unterscheidung in »flugfähige« und »flugunfähige« Vogelarten. »Flugunfähig« war somit ein Wort, welches sich auf Grund des Habitus besagter Vögel erst bildete, denn: Ursprünglich konnten alle Vögel fliegen.
Flora und Fauna, Umwelt und Eigenschaften haben den einen Vogel fliegen, die Flügel des anderen, seinerzeit auch flugfähigen Vogels, verkümmern lassen.
Somit sind beides Vögel, mit dem Unterschied eines lediglich kleinen Adjektives. Ein Adjektiv ersetzt jedoch noch keine Logik.

6.3.3. Unfaire Dialektik

Du siehst, daß man mittels der Logik einen unwahren Sachverhalt als wahr erscheinen lassen kann. Und so wird es *deine* Fähigkeit zur Analyse und Logik sein, solche »logischen«, aber unwahren »Gebilde« zu erkennen – und sie in der Analyse zu widerlegen.
Doch die Verwendung der Logik ist nicht das einzige Instrument, mit dem der unfaire Dialektiker operiert:

- Der »Profi« beherrscht die Rhetorik, um seine Sachverhalte mit Begeisterung vorzutragen, *deine* Sachverhalte hingegen zweifelnd darzustellen.

- Der unfaire Dialektiker hat sich eine hohe Merkfähigkeit angeeignet. Er merkt sich stets die eigenen sowie die Argumente des Gesprächspartners. Wehe dem, der sich widerspricht.
  Der unfaire Dialektiker gibt *deine* Aussagen zu einem späteren Zeitpunkt (meist für *dich* unpassend) verfälscht, unrichtig, »halb-wahr« wieder. »Wenn ich mich richtig erinnere, dann sagten Sie zu Beginn…«

- Der unfaire Dialektiker dreht *dir* das Wort im Munde um. Er zitiert *dich* bewußt falsch.

- Der unfaire Dialektiker beherrscht die Körpersprache und setzt diese geschickt zu seinem Vorteil ein.
  Lasse *dich* nicht verleiten, ihm in der Körpersprache zu folgen!

- Der unfaire Dialektiker bestreitet *deine* Kompetenz. Kontere doch mit einer Sachfrage!

- Der unfaire Dialektiker verhöhnt *dich*, versucht *dich* durch Zwischenrufe zu stören.
  Lasse ihn doch seine Meinung öfters wiederholen – reagiere humorvoll, dann beherrschst *du* die Situation.

Ziel des unfairen Dialektikers ist es, *dich* aus der Ruhe zu bringen. So versucht er *dir* die Emotion zu diktieren. Folgst *du* ihm, so hast *du* in der Regel dieses Gefecht verloren. Denn während bei *dir* der Adrenalinspiegel steigt, kehrt er schnell zur Ruhe zurück:

> »…Das ›Beste‹ läßt sich doch interpretieren, und ich betone nochmals, daß ich ihre Erregtheit nicht verstehe, kommen sie doch endlich zur Sache.«

So lassen sich einige Regeln aufstellen, bei deren Befolgung *du* gegen einen unfairen dialektischen Angriff gewappnet bist:

- Verwende die *Analyse und Logik*, um die Scheinargumente zu »knacken«. Die Analyse ist der Feind des unfairen Dialektikers. Sie ermöglicht, »falsche« oder nur »halb-wahre« Argumente des Gegners zu erkennen – und zu widerlegen.

  A: Analysiere die Argumente
  B: Definiere im Sinne der Hermeneutik Begriffe
  C: Benutze Fragetechniken – gezielte Fragen zum richtigen Augenblick

Eigne *dir* ein logisches Denkvermögen an, um

A: Eigene Behauptungen begründen zu können

B: Falsche Logik des Gegners erkennen und widerlegen zu können

- Folge nicht der diktierten Emotion. *Bleibe ruhig*. Nur so behältst *du* den Zugriff auf *deinen* Verstand (Streß – Ablauf). Der Gegner *gewinnt dann*, wenn er *dich* aus der Fassung bringen kann.

- Lerne, *aktiv zuzuhören* (Kap. 6.1.6). Um versteckte Argumente oder Formulierungen erkennen zu können, mußt *du* zuhören können.
  So verwendete der SPD-Politiker Herbert Wehner meist unwichtig klingende Nebensätze, in denen er dann seine Argumente »parkte«. Wer seinen Hauptsätzen recht gab, akzeptierte damit die Nebensätze.

- Lerne das *Sprechdenken*. Um selbst brillant formulieren zu können, ist diese Fähigkeit notwendig. Üben üben üben!

- Schließe für *dich* unangenehme Meinungen zu Beginn *selbst* aus. Somit kannst *du* den Gegner um ein Argument gegen *dich* berauben, zerstörst im besten Fall seine Argumentationskette.

Doch Vorsicht! Die Widerlegung muß optimal vorbereitet sein. Verwende diese Technik auch bei *deinen* Schwächen. »...Hier läßt sich natürlich einwenden, daß...«

- Auch *Schweigen* im richtigen Moment (bei lächelndem Gesicht) ist ein *»Argument« gegen* den unfairen dialektischen Angriff

- *Vermeide* stets Rechtfertigungen – Breitseite

- *Vermeide* Verallgemeinerungen in *deiner* Sprache! Grenze stets Sachverhalte ab, wenn es notwendig ist.

  »...Ist diese Frau nicht schön!« sagt *er.*

  »Wie bitte! Du sagst, diese Frau ist schön! Da du auch zu mir gesagt hast, daß ich schön bin, bin ich also genauso schön wie diese Frau da«, erwidert sie.

  »Aber nein, *du* bist doch viel schöner.«

  »Wenn das so wäre, so hättest *du* es gesagt!«

  ...der Abend ist »gerettet«.

- Und ...

Wenn du nichts zu sagen hast, dann schweige

Grundsätzliches zur unfairen Dialektik ...
...und was man noch beachten sollte

Die Anwendung der unfairen Dialektik setzt grundsätzlich das Beherrschen aller Techniken voraus. Hüte *dich* also davor, nur einige Techniken der unfairen Dialektik anzuwenden, im Glauben, *du* könntest damit schneller ein gestecktes Ziel erreichen. Triffst *du* auf einen Profi, so wie mir *dein* Kontrahent ein Profi zu sein scheint, so kann das Echo auf einen Angriff für *dich* vernichtend sein. Im folgenden möchte ich *dir* einige Schemas vorgeben, wie *du* speziell der unfairen Dialektik begegnen solltest:

1. Aufbau einer falschen Logik durch den Gesprächspartner

- Bleibe ruhig und gelassen. Nur so behältst *du* den Zugriff auf *deinen* Verstand.
- Arbeite mit der Schallplatten-Technik. Wiederhole also die Logik des Gesprächspartners unter Einsatz rhetorischer Elemente.
- Analysiere danach die Logik des Gesprächspartners. Verwende dazu die Stop-and-Go-Methode.

2. Angriff auf die Moral und damit auf *deine* Emotion

- Bleibe ruhig und gelassen. Der größte Fehler, den *du* begehen könntest wäre, daß

  – *du dir* die Emotion vom Gesprächspartner diktieren läßt. Somit reagierst *du* auf Knopfdruck und innerhalb des Konzeptes des Gesprächspartners, welcher *dich*:

  a) verunsichern will
  b) *Deinen* rationalen Verstand ausschalten will
  c) *Dich* überrumpeln möchte
  d) damit *dich* und andere überzeugen möchte

  – *du* laut und unsachlich wirst, *dich* in der Emotion steigerst. *Du* folgst damit der Sprachstärke des Gesprächspartners, der dann plötzlich wieder ruhig und gelassen wird … und sagt:

  »… ich verstehe Ihre Emotionen nicht!«

  – *du* versuchst, dem Gesprächspartner verbal »Schmerz zuzufügen« – dabei eskaliert die Situation.

  – *du* in der versuchten Rechtfertigung Breitseite zeigst oder *dich* gar noch entschuldigst.

- Arbeite auch hier mit der Schallplatten-Technik – oder lasse den Kontrahenten den Sachverhalt mehrmals wiederholen

  - Oder antworte nichts außer einem langgezogenen »Mmmm«.

Und denke stets daran ...

Wer andere Menschen groß macht
wird selber groß
Wer andere klein macht
wird selber klein

6.3.4. Fragetechniken

Du hast nun bereits des öfteren davon gesprochen, daß es wichtig ist, auf die Emotionalität des anderen einzugehen. Wenn *ich* dich richtig verstanden habe, so ist das Erkennen der Emotionalität des Gesprächspartners sowohl für die faire Dialektik wie auch für die unfaire Dialektik eine Voraussetzung. Einmal möchte ich durch das »Eingehen« auf den Partner sein Vertrauen gewinnen, ein anderes Mal verwendet der unfaire Dialektiker sein »Wissen«, um gezielt Angriffe auf die Emotion des anderen zu starten – mit dem Ziel, ihn zu verunsichern. Ist das richtig?

Ja, antwortet der Freund.

Nun gut. Aber wie erkenne ich die Emotionalität des anderen. Durch Beobachten, durch mein eigenes Gefühl?

Zum einen, ja. Eine weitere Möglichkeit bieten *dir* geschickte Fragetechniken. Und merke *dir*: Es wird heute viel zuwenig erfragt – und damit viel zuviel »vermutet«, was letztlich dann nicht unbedingt auch wahr sein muß. So können falsche Voraussetzungen entstehen, die schlußendlich die Kommunikation scheitern lassen können.

Ich möchte *dir* dies an einem Beispiel demonstrieren:

– Frage: Kannst *du* mir sagen, wie spät es ist?
– Antwort: Es ist nun bereits 20.34 Uhr.

Nein, das habe ich nicht gefragt. Ich wollte nicht wissen, wie spät es ist, sondern nur, ob *du* in der Lage bist, mir die

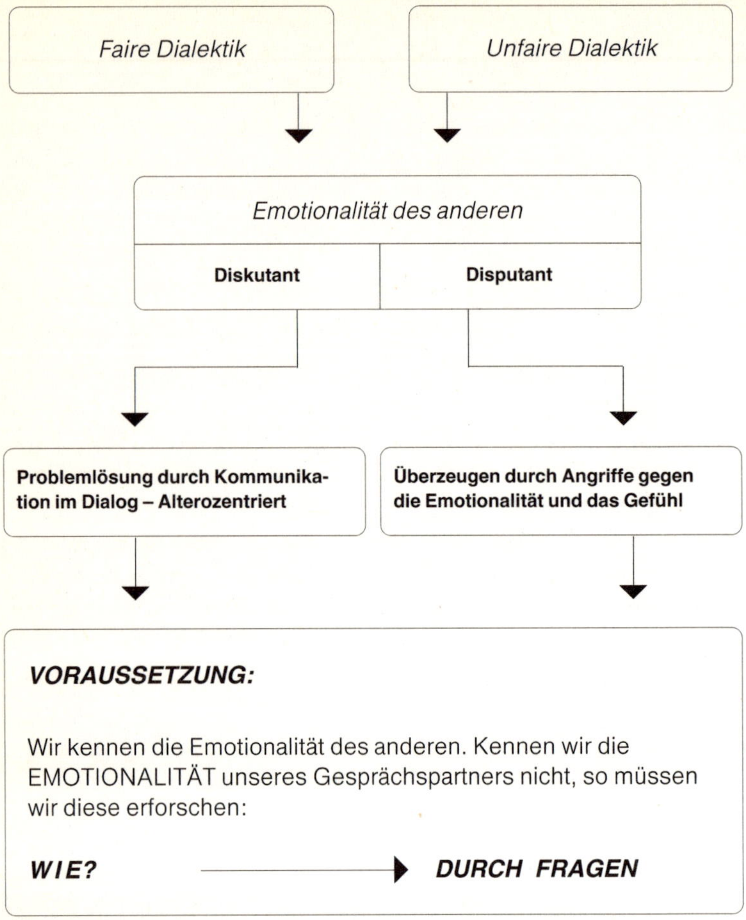

Feststellung : Es wird zu wenig und falsch gefragt und erfragt

Uhrzeit zu nennen. Ich stelle eine geschlossene Frage. Die richtige Antwort darauf wäre gewesen: Ja … oder … Nein.

Merke *dir*:

Alle W-Fragen eignen sich hervorragend, den Gesprächspartner zum Sprechen zu bringen. Dann höre aktiv zu … und

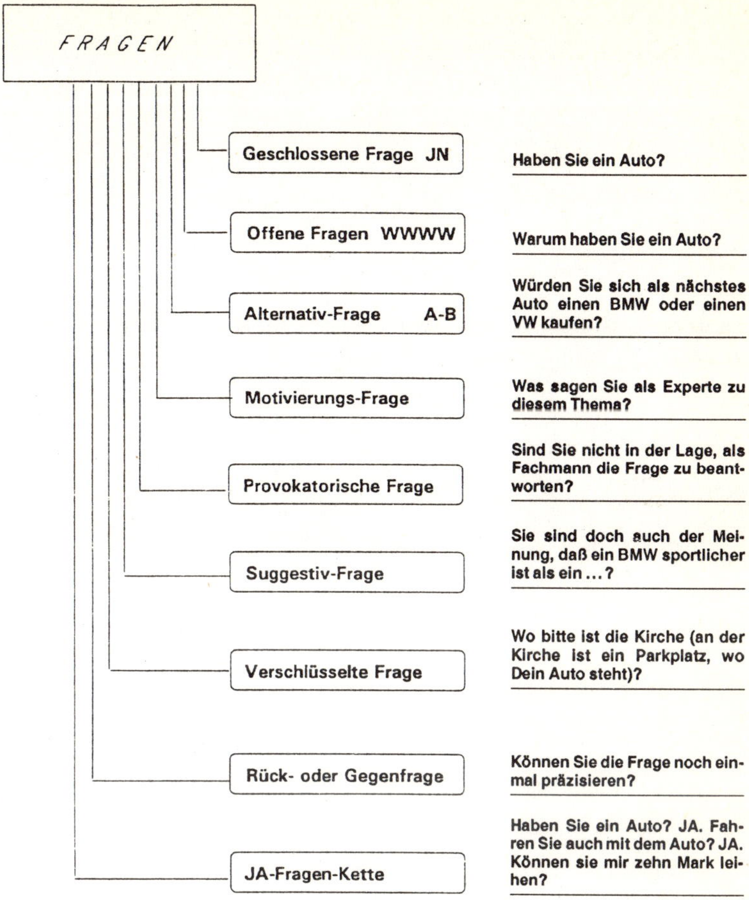

frage weiter – so wirst *du* die Bedürfnisse des Kunden, Verhandlungspartners etc. erforschen und *dich* darauf einstellen können. Zudem gibst *du* damit bereits dem Gesprächspartner das Gefühl, interessiert zu sein, sprichst seine Emotionalität an.

Nun ist es allerdings schon sehr spät geworden. Wir wollen morgen unsere Wanderung fortsetzen, den Gipfel mit vereinten Kräften bezwingen.

Sicher gibt es zu jedem der Themen noch vieles zu sagen, zu detaillieren. Und doch ist es eine Tatsache, beginnst *du* mit der Umsetzung dessen, was wir zusammen besprochen haben, daß *du* damit ein Fundament für *deine* Kommunikation gelegt hast. Ob beruflich in der Auseinandersetzung mit *deinem* Kontrahenten oder privat: *Du* wirst erkennen, wie einfach Kommunikation ist, hältst *du dich* an die dargestellten Regeln.

Beginne, dich nach dem Ziel deines Lebens zu fragen. Definiere das Ziel

Ordne deinen Weg zur Erreichung des Zieles und übe Selbstdisziplin

Schaffe dir ein Fundament durch Positives Denken

Achte auf die Rhetorik in deiner Sprache

Bringe deinen Körper in einen Einklang mit deinen verbalen Äußerungen

Beachte die Körpersprache

Denke an den guten Zustand in deinem Gesprächspartner

Eigne dir das dialektische Fundament an und verwende die Dialektik

... und du wirst erfolgreich sein

doch nun erzähle mir *deinen* Traum zu Ende.

7. Der Gipfel zum Erfolg

...der Aufstieg durch den Nebel schien nicht enden zu wollen. Immer steiler ging es bergan, und die Luft wurde zunehmend dünner, erschwerte das Atmen. Und dabei drängte die Zeit; nicht mehr lange würde der Tag und damit das Licht vorherrschen, der einzige Wegweiser, der mir in den Wolken, welche die Landschaft in ein nebeliges Grau tauchten, verblieben war.

Eine innere Unruhe hatte mich gepackt, so wie diese jeden in ihren Bann zieht, der die Nähe des Zieles plötzlich spürt. Es war, als ob mein ganzes Leben wie die Spitze einer Pyramide nur auf diesen einen Punkt ausgerichtet gewesen wäre. Nicht mehr spürbar waren die Anstrengungen des Aufstieges. Das Gefühl des Stolzes beherrschte mich, dachte *ich* daran, wie viele Prüfungen *ich* bestanden hatte – und daß mir bald der Erfolg sicher sein würde. Und da tauchte *ich* plötzlich in ein gleißendes Licht hinein, aus der Wolkendecke heraus – und während ich noch versuchte, mich mit den Augen und dem Gefühl zu orientieren, da erlosch das Licht des Tages und hüllte mich ein.

Kaum 50 Meter über mir sah ich den Gipfel als Monument in der nun herrschenden Dunkelheit. Weiter, nur weiter dachte ich, als ich hinter mir ein Keuchen aus vielen Stimmen hörte. Und wie die eigene Angst ein Faktor sein kann, der einen Menschen kurz vor dem Ziel zum Umkehren bewegen kann, so blieb auch *ich* stehen. Gestalten schälten sich aus der Wolkendecke heraus, die jetzt wie ein dunkles Meer alles bedeckte. Ich erkannte schemenhaft das knöchrige Männlein, hörte die wispernde Stimme des Mannes aus der Felsnische, sah weitere dunkle Gestalten auf mich zukommen.

Würde es richtig sein, einfach loszulaufen, den Gipfel zu

erklimmen? Was wäre, würde der Erfolg nicht eintreten? Sollte ich einfach stehenbleiben, um mich vor einer möglichen Enttäuschung zu schützen? Ein Zögern befiel mich, während die Gestalten immer näher kamen. Und doch drehte *ich* mich um, langsam, zögernd, stieg die letzten Meter hinauf. Den Gipfel vor Augen, fühlte ich plötzlich die Hände an meinen Beinen, die mich festhalten wollten, um mich hinabzuziehen.

Doch da spürte ich, ahnte ich plötzlich, daß ich den Erfolg schon errungen hatte. *Ich* hatte den Weg bereits hinter mir, war nicht gescheitert wie jene Gestalten dort, die mich nun aufhalten wollten. Ich hatte die Prüfungen schon bestanden, was fehlte, war die Krönung. So waren die Gestalten von mir geschaffen gewesen, waren Ausdruck meines Zögerns und meiner plötzlichen Angst gewesen. Und als ich dies erkannte, lösten sich die Gestalten auf, verwehten wie der Nebel, der unter mir lag.

Ich stand auf dem Gipfel. Ein selbstbewußtes Gefühl der Stärke und Kraft war in *mir. Ich* fühlte mich gut. Die Gefühle und Energien durchfluteten mich – und es schien, als könnte ich die Sterne mit meinen Händen greifen.
Meine *Traum*-Reise schien beendet, und es herrschte in mir ein guter Zustand vor, ein Hochgefühl. Und ich spürte den Keim der Motivation in *mir*, nach diesem Berg einen nächsten besteigen zu wollen, welche sich da undeutlich in der durch die Sterne erhellten Dunkelheit um *mich* erhoben – um den eigenen Sternen weiter näher zu kommen.

Er hatte diese letzten Worte erregt hervorgestoßen, als erlebe *er* das Traum-Gefühl ein weiteres Mal, nur diesmal bewußter, geprägt vom Wissen. *Er* war aufgesprungen, stand nun am Fenster der Hütte und blickte auf die Lichter der Stadt im Tal hinunter, als sei dies nun *sein* »Tal des Daseins«, an das es sich nun zu erinnern gilt, um darauf aufzubauen.

8. Heimkehr und Begegnung

Am nächsten Morgen setzten wir in aller Frühe den Aufstieg fort. Und es schien, als hätte *er* eine neue, eigenartige Kraft in sich. Lange verweilte er schweigend auf dem Gipfel, und ich konnte in seinen Augen die Erinnerung an seinen Traum lesen.

Es war schon dunkel, als ich *ihn* zu Hause absetzte. *Er* bedankte sich und stieg die Treppen zu seiner Wohnung empor. Nachdenklich stand *er* nun am Fenster, blickte auf die Stadt und ihre Straßen und Lichter hinunter. Dann zog *er* sich die Jacke über, verließ die Wohnung und ging in den Park, an den kleinen See, alleine mit sich und seinen Gedanken. So vieles hatte sich für *ihn* nun geöffnet.

Und als er gerade dabei war, an einer Weggabelung den rechten Weg zu sich nach Hause einzuschlagen, hörte er vor sich ein munteres Lachen – auf *ihn* zukommend ... seine Frau, Arm in Arm mit seinem Kontrahenten.

Hoffentlich sehen sie *mich* nicht, erkennen *mich* nicht, waren seine ersten Gedanken. Und doch war nun plötzlich etwas in *ihm*, was *ihn* kräftigte, *ihm* Mut einflößte. Und so verharrte er nicht länger, sondern ging aufrecht seinen Weg, die Hand zum Gruß erhoben.

»Hallo, wie geht es euch. Ich wünsche euch beiden einen netten Abend.« Und zu seinem Kontrahenten gewandt, sprach *er* »bis Morgen«, bevor er lächelnd an ihnen vorbeiging, verdutzte Gesichter hinterlassend.

Anhang: NLP

Es liegt eine klare Absicht dahinter, die Erklärung von NLP (Neuro-Linguistisches-Programmieren) nicht in den Hauptteil dieses Buches zu nehmen, obgleich sich NLP als einer der wichtigsten Bausteine im Sinne einer erfolgreichen ganzheitlichen Kommunikation darstellt.

Durchstreifen wir Bibliotheken und Buchgeschäfte, dann werden wir durch die Vielfalt der dort zum Thema angebotenen Literatur schnell bemerken, daß besonders in jüngster Zeit viel über die Thematik NLP und dessen Anwendungsmöglichkeiten geschrieben wurde. Akademien und Zentren für NLP entstanden – und nicht nur die Psychologen oder Psychotherapeuten beschäftigen sich heute eingehend mit dieser Methode wie den beinhalteten Techniken.

Vorweg gilt zu klären: NLP ist nicht durch Bücher zu erlernen. NLP muß man erfahren, erleben, um NLP und die Kraft dieser Methode wirklich zu verstehen. Wer einmal selbst durch den »Meta-Mirror« »gecoacht« wurde, der weiß, wovon ich spreche.

NLP soll dieses Buch begleiten, in der Person und den Verhaltensweisen des Freundes von *Sokratissimo*, eines Freundes, der neben Gesprächstechniken sich auch der Techniken oder vielmehr Sequenzen des NLP bedient, im Einklang mit der Rhetorik, der Psychologie, der Dialektik, der Körpersprache.

Genannte Methoden (Rhetorik – Dialektik – Körpersprache) sind Elemente einer erfolgreichen Kommunikation, doch nicht die einzigen.
NLP alleine ist sicher eine erfolgreiche Methode in der Psychotherapie. Doch für eine erfolgreiche Kommunikation zuwenig.

Letztlich stellt für Mitarbeiter und Führungskräfte der Wirtschaft und Industrie sowie auch für jede einzelne private Person die Kommunikation nur im Sinne der Ganzheitlichkeit einen Weg zum Erfolg dar. Eben durch die Verquickung von Rhetorik – Dialektik – Körpersprache mit NLP.

Begreift man also im Sinne des neuen vernetzten Denkens Kommunikation als Ganzheit, wird klar, daß erst die Aktivierung aller kommunikativen Bausteine letztlich den Erfolg für die einzelne Person und damit für das Unternehmen bringt, wobei uns bei NLP bereits Sequenzen genügen.

Doch: Wie läßt sich eben dieses NLP als eine aus den neueren Formen der Psychotherapie entwickelte Technik für die Wirtschaft und Industrie einsetzen? Oder – der Kunde auf dem Verkäufer-Sofa, nun Sprechen Sie mal schön und nennen ihre Wünsche. Die Frage nach der sinnvollen Anwendung, dem anwendbaren Extrakt stellt sich von alleine, befassen wir uns intensiver mit NLP.

1. Es genügen uns tatsächlich Sequenzen von NLP in der Anwendung des täglichen (Berufs-)Lebens, um erfolgreich in der Verhandlung zu sein – für das Kopfweh des Kunden empfehlen wir ein Medikament und heilen nicht durch NLP-Technik, obwohl dies möglich wäre.

Unser Ziel in der Anwendung des NLP-Extraktes soll sein, den Kunden oder Verhandlungspartner in einen guten Zustand zu versetzen, aus dem heraus die Unterschrift unter den Vertrag oder die Einwilligung zu einer Handlung erfolgt. Es geht also schlichtweg um die Möglichkeit, durch die Schaffung eines guten Zustandes im Kunden/Gesprächspartner einen Überzeugungstransfer erfolgreich abschließen zu können – erfolgreich für beide Seiten.
Und doch muß dieser gute Zustand mit Ihrer Person in Verbindung stehen, nicht getrennt davon zu sehen sein. So

erlebten wir als Beobachter in Seminaren der Konsumgüterindustrie den guten Zustand, in den Mitarbeiter wie Kunde durch NLP-Techniken versetzt werden sollten, völlig verquert. Die (vorwiegend) Mitarbeiterinnen wurden von einem Guru (was immer dies ist!) durch hypnose-ähnliche Trance im Mix mit NLP-Techniken in einen guten Zustand versetzt. Klar, daß die Damen sich wohl fühlten! Der gute Zustand wäre sicher auch dadurch erreicht worden, wenn man den Damen Sonderurlaub und eine Flugreise auf die Malediven bezahlt hätte – doch was hat das Unternehmen von diesen guten Zuständen: nichts! Als die Damen wieder aufwachten, war die Welt noch genau so wie vorher – die Verkaufszahlen blieben, wo sie waren, nur der Gewinn war um die höheren Kosten geschrumpft.

Jeder Psychologie-Student des ersten Semesters weiß, daß die harte Tagesrealität mit ihren Höhen, Tiefen und oftmals Frustrationen im Wachzustand danach genau das Gegenteil von dem bewirkt, was beabsichtigt war. Mit einem Wort: In diesem Fall bleibt es bei einem teuren Psycho-Schnick-Schnack ohne Effekt.

2. Wer hat heute als Alleinunternehmer im verstärkten europäischen Wettbewerb im Kampf um Marktanteile ausreichend Zeit, Weiterbildung selbst (oder leitender Mitarbeiter) in solch einem Umfang durchzuführen? Wieviel gilt dann der Prophet im eigenen Lande? Auch und insbesondere der Arbeitnehmer bei einem Jahresurlaub von fünf bis sechs Wochen kann nicht wochenlang (Ausbildung: ca. 40 Tage, verstreut in Blöcken über ein bis zwei Jahre) vom Markt abgezogen werden, sondern muß praxisgerecht, modern und für den einzelnen sowie für das Unternehmen zeitlich sinnvoll trainiert werden.

Das ist das Ziel dieses Buches und das Ziel von Seminaren – wofür wir Trainer da sind.

Entstehung

Befassen wir uns intensiver mit der Entstehung und Entdekkung von NLP, so fallen die Namen Dr. med. M. H. Erickson sowie R. Bradler und J. Grinder. Dr. med. Erickson, an einen Rollstuhl gefesselt, muß zweifelsohne für sich die Kraft des Positiven Denkens besessen haben. Seine Krankheit betrübte ihn nicht, sondern wirkte im Sinne einer geistigen Umkehr von »unvermeidlich schlechtem Schicksal« in ein »ertragbares, gutes Schicksal« motivierend. So nahm er, ähnlich dem Blinden, der seinen Gehörsinn schärft, seine Krankheit zum Anlaß, um aus sitzender Position und Haltung heraus seine Patienten genauer und noch genauer zu beobachten und die Ergebnisse seiner Beobachtung akribisch zu notieren.

R. Bradler und J. Grinder formten, u. a. auf diesen Erkenntnissen aufbauend, »NLP-Techniken« für die Psychotherapie, die es u. a. gestatteten

a) Patienten aus einer neuen Sichtweise heraus auf ihr verbales (Sprache, Wort) und non-verbales Verhalten hin zu beobachten und zu analysieren. Stellen wir uns dabei zwei Personen im Gespräch vor (Dialog, Disput, Patient erzählt), so geht es um die Erkenntnis, welche Signale wie empfangen werden, d.h. wie die Reaktion nach dem Empfang von verbalen und non-verbalen Reizen beim Gesprächspartner, also hier dem Patienten, ist.

Umgelegt auf »Streitpositionen« resp. Verhandlungspositionen in der Wirtschaft und Industrie, erinnere ich mich an ein Rollenspiel, wo A zu einem für ihn unangenehmen Zeitpunkt des Gespräches unbewußt seine zur Faust geballte rechte Hand in die Handfläche der linken Hand schlug.

Allein diese Reaktion des A auf ein Argument von B bewirkte nun die sofortige Reaktion von B, der in einen schlechten Zustand verfiel. B rutschte auf seinem Stuhl nach hinten, wechselte unmerklich die Gesichtsfarbe (blaß), atmete schneller, verspannte sich, was vor allem an den etwas höher gezogenen Schulterpartien zu sehen war.

B war unbewußt auf die Reiz-Faust (Neuro = Reiz, Signal) programmiert. Genauso hätte ein für B emotional besetztes Wort (im Sinne eines verbalen Reizes von A unbewußt gesendet) diese Reaktion der Distanz und Anspannung, also des schlechten Zustandes, bei B bewirken können.

b) den Patienten auf ihrer Sende- und Empfangsfrequenz zu begegnen. Eine von vielen Erkenntnissen aus der Welt des NLP ist, daß der heutige Mensch meist nur mehr *ein* hauptsächlich ausgeprägtes Sinnesmerkmal hat (von den vier bekannten):

Visuell

– da muß ich mir erst ein Bild davon machen, ich blicke da noch nicht durch

oder Worte wie: Einblick, schauen, sehen, erkennen, es fällt wie Schuppen von den Augen, einleuchten, Durchblick erhalten etc.

Auditiv

– das klingt wie Musik in meinen Ohren oder hier sind wir noch nicht im Ein-Klang

oder Worte wie: Klang, Musik, Krach, schenke mir Gehör, sprechen, singen etc.

Kinästhetisch

– da fehlt mir das Gefühl dafür, ich kann diesen Sachverhalt noch nicht be-greifen.

oder Worte wie: spüren, nachfühlen, dumpfes (oder flaues) Gefühl im Magen, ich bin bedrückt, es engt mich ein etc.

Olfaktorisch

- ich rieche den Braten doch schon von weitem, an dieser Sache ist etwas faul

Die jeweilige Ausprägung zeigt sich häufig in der verwendeten Wortwahl des Gesprächspartners – aber auch im Muster seiner Augenbewegungen. So blickt z.B. der Visuelle stets nach oben, um sich links oben zu erinnern, oder um sich rechts oben ein Bild zu konstruieren.

Wir erinnern uns eines Bildes, wenn wir z.B. an den vergangenen Urlaub zurückdenken.

Wir konstruieren ein Bild, wenn wir uns vorstellen, wie unser Haus mit einem veränderten Dach wohl aussehen würde.

Nachfolgendes Schema der NLP-Augenbewegungsmuster ist zwar nicht wissenschaftlich bewiesen, jedoch konnte in der Praxis noch kein Gegenbeispiel gefunden werden; somit konnte sich das NLP-Augenbewegungsmuster als gültig durchsetzen.

Blick nach

links Bilder erinnern	Oben	rechts Bilder konstruieren
links Auditives erinnern	Mitte	rechts Auditives konstruieren
	Unten	rechts Gefühl

Dieses anschauliche Beispiel hat jedoch nur für Rechtshänder Gültigkeit. Bei Linkshändern ist es seitenverkehrt zu sehen – und für umerzogene Linkshänder, die jetzt mit rechts schreiben und mit links Tennis spielen, gibt es noch keine klare Definition. Solch ein vielseitiger Mensch muß sich selbst beobachten – und sich dabei nur die Frage stellen: wie spiele ich Tennis?

Sicher fällt uns bei diesen Definitionen wieder die Schule ein. Und mit dem neuen Wissen um sinnesspezifische Ausprägungen bestückt, wissen wir heute, daß es schlichtweg falsch war, den visuellen Schüler zum Blick nach vorne zu ermahnen, als dieser gerade dabei war, sich oben links des englischen Verbes zu erinnern. Das war dann so, als wenn der Lehrer den Schüler bitten würde, ein Gedicht aus einem Buch zu lesen, und ihm das Buch wegnimmt.

Techniken, die sich aus den gesamten Erfahrungen und Erkenntnissen der Beobachtungen ableiteten, wurden alsbald sinnvoll in der Psychotherapie eingesetzt. Bei der Behandlung von z. B. Phobien konnten hervorragende Ergebnisse (nicht nur durch den kürzeren Zeitaufwand für den Therapeuten und den Klienten) erzielt werden.

Heute baut der NLP-Geschulte »Rapport« auf, schickt sich und andere in den »Meta-Mirror« (Vorsicht! Nur für wirklich Geübte ab NLP-Practioner-Ausbildung), um letztlich in der »7-Himmel-Philosophie« oder der »Schule des Wünschens« kommunikativ (und menschlich) glücklich zu werden.

Konkret ist darunter folgendes zu verstehen:

Der NLP-Geschulte baut den »Rapport« auf; das ist gegenseitiges Vertrauen, welches durch einen guten Kontakt zwischen den beiden Gesprächspartnern z. B. durch »Pacing« (spiegeln) hergestellt wird. Damit ist gemeint, sich auf den anderen in Sprachstil (Linguistik: restringierter – elaborierter Code*, sinnesspezifische Ausprägung) sowie in Körpersprache einzustellen. Zeigt der Verhandlungspartner Distanz, so signalisiere ich ihm durch die gleiche Körpersprache, daß ich mich in einem »Miteinander« zu ihm befinde, also meine Bereitschaft, nicht durch meine Körperhaltung durch seine (vielleicht aufgrund eines noch nicht vorhandenen Rapports oder einer kontaktiven Unsicherheit – bewußt...) aufgebaute Barriere gewaltsam eindringen zu wollen.

Beobachten wir z.B. als dritte Person ein Gespräch zweier Bekannter, so werden wir feststellen, daß, sind sie über ein länger geführtes Thema gleicher Meinung, sich auch ihre Körper der geistigen Haltung angleichen.

Den Beweis hierfür möchte ich mit einem Gegenbeispiel liefern, wo bei gleicher geistiger Basis der Gesprächspartner simulativ (also bewußt) »Vergehen« in seiner Körperhaltung begeht (also sich z.B. bei einem Näherkommen im Thema distanziert nach hinten beugt). Unwohlsein im signal-empfangenden Gesprächspartner ist dann das Ergebnis.

Beispiel:

Obwohl A und B gleicher Meinung sind, reagiert B auf die Distanzverringerung von A durch Vorbeugen gewollt und bewußt mit Distanzvergrößerung durch deutliches Ausweichen nach hinten.

Dieses Signal empfängt A und setzt es in Unwohlsein um.

Ist als dritte unbeteiligte Person noch C anwesend, und C

---

* Restringierter Code: Herrschaftscode zwischen zwei unterschiedlichen sozialen Schichten; äußert sich z. B. in: Würden Sie mir bitte folgen.
Elaborierter Code: Sprachcode zwischen zwei gleichen sozialen Schichten; äußert sich z. B. in: Komm mit.

baut von seiner Körpersprache her »Rapport« zu A auf, dann wird sich A im Laufe des Gespräches immer mehr von B abwenden – und C zuwenden, der ihm doch vom Körper aus das Signal der Übereinstimmung sendet.

Für das Erreichen von »Rapport« zum Gesprächspartner ist es jedoch bereits zu Beginn des Gespräches wichtig, den *richtigen Ort,* die *richtige Zeit,* die *richtige Umgebung* und *Atmosphäre* gefunden zu haben.

Die Frage nach vielleicht noch unerledigten Geschäften des Gesprächspartners ist ebenso für den Aufbau eines erfolgreichen »Rapports« zum Gesprächspartner unerläßlich wie vielleicht die Tasse Kaffee, die dem Partner noch vor Gesprächseröffnung angeboten wird.

Allein in der Aufzählung dieser Merkmale zur Erreichung des »Rapports« wird deutlich, wie sehr sich Dialektik und NLP hier überschneiden, geht es doch auch bei der Anwendung der fairen Dialektik darum, durch den Aufbau von Vertrauen (durch Beachtung der Hermeneutik, der Linguistik, der Psychologie etc.) einen guten Zustand im Sinne eines kontaktiven Vertrauens zu erreichen.

Rapport:

Den »Zustand« des »Rapport« haben wir erreicht, wenn zwischen uns und dem Gesprächspartner oder, sind wir selbst Coach eines Konfliktgespräches, zwischen den beiden Gesprächspartnern (A + B) und uns als Coach ein Verhältnis gegenseitigen Vertrauens aufgebaut und (im Laufe des Gespräches!) erhalten wird.

Spiegeln:

Der Aufbau von »Rapport« wie das Erhalten während des Gespräches kann durch das »Pacing« (Spiegeln) erfolgen.

Wie erwähnt, bedeutet dies, sich in Sprachstil sowie Sprachcode, aber auch in der Körpersprache (non-verbal) auf den Gesprächspartner einzustellen – aber nicht, ihn zu imitieren. Spiegeln bedeutet, für eine gewisse Zeit alle ausdrucksvollen Bewegungen, die der Partner macht, nachzuvollziehen, eben zu spiegeln, bis »Rapport« entsteht. Ziel ist es danach, zum »Leading«, also zum »Führen«, überzugehen. Wir signalisieren (ansprechen non-verbaler Reize) dem Partner durch diese Bewegungsmuster, daß wir uns im Gleichklang mit ihm befinden.
Bewegt sich der Partner mit dem Oberkörper nach vorne, stützt dabei seine Ellbogen und Unterarme sowie Hände geöffnet auf den Tisch, so »spiegeln« wir diese Bewegungen wieder. Kratzt der Partner sich am Kopf, so spiegeln wir dies *nicht*, denn solch eine Verhaltensweise wäre dann ein simples Nachäffen, eine billige Imitation und nicht dazu geeignet, durch »Spiegeln« zum »Rapport« zu gelangen. Wir ahmen also ungefähr seine

- Körperbewegungen
- Kopf-, Augenbewegungen
- Atmungmuster (Bauch- und/oder Brustatmung, tiefe Frequenz etc.)
- Sprachmelodie und Sprachtempo
- Sinnesspezifische Ausprägung d. Sprache (z.B. auditiv)

nach.

Ist über »Spiegeln« der Gleichklang erreicht, der »Rapport« aufgebaut, so können wir zum »Leading«, also zum »Führen«, übergehen. Dies bedeutet, aus dem reinen »Spiegeln« auszubrechen, um den Partner zu führen.

Führen:

Wir führen, wenn der Gesprächspartner im Verlaufe des Gespräches dann unsere Bewegungen nachahmt. Das kann man z.B. dadurch beim Partner prüfen, indem eine erkennbare Bewegung, Haltung, Gestik etc. durchgeführt und die Reaktion des Partners beobachtet wird. Ahmt der Partner diese Bewegungen (unbewußt) nach resp. macht er diese mit, so führen wir. Zuvor jedoch, d.h. bevor wir bewußt zum Führen übergehen, sollte nochmals gespiegelt werden (sozusagen zum »Einklinken«).

Vor allem bei Kunde-Verkäufer-Gesprächen ist der Zeitpunkt, zu dem der Verkäufer den Kunden führt, auch der Zeitpunkt, wo der Kunde dem »Partner« das größte Vertrauen entgegenbringt. Hier sollte die detaillierte Unterbreitung des Angebotes (Vorsicht: Jetzt nicht in der Begeisterung mit der Tür ins Haus fallen!) erfolgen oder der Abschluß sorgfältig angesteuert werden.

Nochmals: Reines Nachäffen oder billiges Imitieren kann (und wird) als plumpes und anbiederndes Verhalten empfangen – und verstanden werden, womit sehr deutlich wird, daß die NLP-Technik nicht via »Fern- oder Trockenkurs« vermittelt werden kann.

Ein wichtiger Teil dieser Technik ist das »Ankern«, d.h. in dieser Phase des Vertrauens wird z.B. über eine bestimmte Körperhaltung sowie Gestik und Mimik des Verkäufers ein Anker im Partner gesetzt, den dieser mit seinem eigenen guten Zustand in Verbindung bringt. Wiederholen wir uns dann später in der Körperhaltung, Mimik und Gestik, so sprechen wir den Anker an, d.h. das gespeicherte gute Zustandsgefühl des Kunden eben bei diesem Signal (positiver Anker). Ebenso kann aber eine bestimmte Gestik, Körpersprache, Mimik oder ein für den Kunden eventuell emotional (negativ) besetztes Wort einen negativen Anker ansprechen, der den Kunden in eine Problemphysiologie führen kann. Erkennen wir diesen Punkt, so muß der Zustand unterbrochen, durchschnitten werden (»Separator State«).

Separator State:

= Handlung oder Zustand, der andere Zustände voneinander trennen kann.

Ich möchte dies an einem einfachen Beispiel verdeutlichen:

A muß immer dann herzhaft lachen, wenn B (ungewollt) einen bestimmten Politiker in Tonfall und Klang der Stimme imitiert. Nun hat B unbewußt einen negativen Anker in A angesprochen. Um den nun herrschenden schlechten Zustand in A zu durchschneiden, ahmt B sofort im nächsten Satz nach Erkennen der Problemphysiologie (gewollt) den Politiker nach, bringt damit A zum Lachen – und trennt den Zustand.
Tritt eine Reaktion auf ein Signal immer wieder auf, so spricht man hier von einer »Schleife«. Doch zurück zum »Ankern«.

Sicher kennen Sie Beispiele, in denen man Tiere dazu brachte, bei einem bestimmten Klang eine bestimmte Klappe zu öffnen, hinter der das Futter lag – bekannt wurde diese Konditionierung durch den Pawlowschen Hund.
Und ganz sicher, wenn Sie eine bestimmte Melodie hören oder selbst pfeifen, verbinden Sie damit eine angenehme, vielleicht auch unangenehme Erinnerung oder Situation. Dieses Phänomen wird im NLP für den Verkauf nutzbar gemacht. Bestimmte positive oder negative Eigenschaften eines Sachverhaltes (oder Produktes, vielleicht gar des Verkäufers selbst) können so mit körpersprachlichen Aussagen verbunden werden, wie z.B. die Gestik mit der einen oder anderen Hand, je nach »positivem« oder »negativem« Sachverhalt. Entscheidend ist hierbei, daß kurz vor Verkaufsabschluß beide Gestiken mit entsprechenden Aussagen »der richtigen Wortwahl« (!) zusammengeführt werden und damit dem Gegenüber (Partner) signalisieren, daß eine optimale, richtige oder ideale Lösung verstanden und gefunden

wurde. Denn letztlich will und soll der Verkäufer ja erfolgreich abschließen – verkaufen. Dies gilt selbstverständlich gleichsam für jeden Dialog, der auf einen Überzeugungstransfer (Dialektik) ausgerichtet ist.

Und der erfolgreiche Abschluß nach einem doch vielfach erfolgreich geführten Verhandlungsgespräch – welcher Verkäufer/Chef wüßte das nicht – ist immer noch das Problem Nr. 1 im Verkauf, nicht etwa das Produkt selbst. Der Verkäufer, der die »NLP-Klaviatur« und »seine Melodie« als Baustein der Kommunikation in den wesentlichen Sequenzen beherrscht, spielt auf einem wohltemperierten Klavier. Ich erinnere mich an einen wirklichen Starverkäufer, der eben nicht nur Star, sondern wirklich Verkäufer war und diese Technik des NLP nebst den Bausteinen der Rhetorik und Dialektik sowie der Körpersprache derartig brillant beherrschte, daß er nahezu jeden Auftrag holte. In seiner Art des Positiven Denkens war er nicht nur bei seinen Kunden, sondern auch bei Kollegen und im privaten Umfeld beliebt.

Eine Tatsache, die uns deutlich vor Augen führt, daß NLP nicht nur für den Verkäufer oder Verhandlungspartner als Technik und Baustein einer erfolgreichen ganzheitlichen Kommunikation unerläßlich ist, sondern auch als Technik und Methode, als Geisteshaltung sogar, unser Auftreten in allen Bereichen des beruflichen wie privaten Lebens verbessern und qualifizieren kann. Nicht zuletzt wird NLP heute mit größtem Erfolg in der Familientherapie angewandt.

Unser Starverkäufer schenkte sich selbst nichts, sondern hatte den Spruch verinnerlicht: »Verkaufen ist die leichteste Sache der Welt, wenn man hart arbeitet, und es ist die schwierigste und härteste Sache der Welt, wenn man es auf die leichte Schulter nimmt.« Nach der These, daß derjenige letztlich erfolgreich ist, welcher der Arbeit nachläuft und nicht dem Geld, welches doch der Arbeit automatisch folgt, arbeitete er hart – vor allem an seiner Weiterbildung und damit ... an sich selbst. Er nutzte im besten Sinne des Wortes moderne Erkenntnisse für seine Zwecke – und erreichte damit, daß er sich selbst nicht überarbeitete und dennoch erfolgreich war. Er befand sich »in einem guten Zustand«, sein Chef und seine Kunden übrigens auch.

Kurzum:

NLP ist eine Technik, die nicht nur den Psychotherapeuten dienen soll, Menschen in gute Zustände zu bringen, sondern erst recht allen, die überzeugen müssen, im Verkauf, in der Verhandlung, im Mitarbeitergespräch sowie als Führungskraft, aber auch als »private« Person im eigenen persönlichen Umfeld.
Ziel ist, den Gesprächspartner oder Diskutanten in einen optimalen Zustand zu bringen, in einen Zustand gegenseitigen Vertrauens.

Spreche ich nun von sinnvollen Sequenzen, so soll NLP im Zusammenwirken der Kommunikationselemente

Rhetorik

Dialektik

Körpersprache

das Fenster sein, die Brille, durch welche(s) Sie auf die Bausteine blicken – und damit Ihr Weg zu einer optimalen Kommunikation. Eine kommunikative Anpassung an den Partner, aber keine Gleichschaltung. Synchronisation, aber keine Imitation. Eine Technik eben, die aus einer positiven Geisteshaltung heraus ermöglicht, den Kunden dauerhaft zu gewinnen.

Es ist nicht nur wichtig, die eigene sowie die Körpersprache des Partners zu deuten, sondern vielmehr unter der Berücksichtigung der gesamten Körperphysiologie den richtigen Durchblick zu erhalten.

Verschränkte Arme mögen für die Kinesik das eindeutige Zeichen für eine gegebene Distanzvergrößerung sein, können aber auch das »NLP-Wohlbefinden« des Partners bedeuten (Himmel) – und nicht die Sicht von unten (Erde), die den Erfolg der Verhandlung und somit den Geschäftsabschluß und Ihre Verkaufszahlen nach unten (in die Hölle) abstürzen läßt.

Finden Sie den Draht zum Visuellen und sprechen Sie in seinen Bildern

Leben Sie im Takt mit dem Auditiven und

vermitteln Sie dem Kinästheten das Gefühl, das richtige Produkt in den Händen zu halten (be-greifen),

lassen Sie den Olfaktorischen ruhig einmal erst in die »Sache reinriechen«

dann wird das Verhandlungsgespräch erfolgreich – und die Unterschrift aus Überzeugung getätigt.

NLP ist wahrlich keine Geheimwissenschaft.

Wer sich mit diesen Sequenzen beschäftigt, dabei durch deutliche und melodische Sprache in der Abwechslung des Klangs, unter dem Einsatz der Dialektik und des eigenen Körpers aus der eigenen Überzeugung heraus die Worte in den Ohren des Gesprächspartners klingen läßt, wird kommunikativ Erfolge erleben.

Wer sich bereit erklärt, der eigenen Wahrheit auf die Spur zu kommen, das Prinzip der Selbstdisziplin im Leben begreift, der hat endlich, endlich ein praxisorientiertes Instrument, was Menschen in Theorie und Praxis heute so häufig fehlt:

Vernetztes Denken in einem ganzheitlichen System